Erläuterungen und Dokumente

Alfred Andersch
Sansibar
oder der letzte Grund

Von
Alexander Ritter

Philipp Reclam jun. Stuttgart

Alfred Anderschs Roman *Sansibar oder der letzte Grund* liegt als Band 2 der Werkausgabe in Einzelbänden des Diogenes Verlags vor (kontinuierlich unveränderter Nachdruck: Zürich 1970; detebe 20055).

Universal-Bibliothek Nr. 16036

Gesamtherstellung: Reclam, Ditzingen. Printed in Germany 2003

ISBN 3-15-016036-7

www.reclam.de

Inhalt

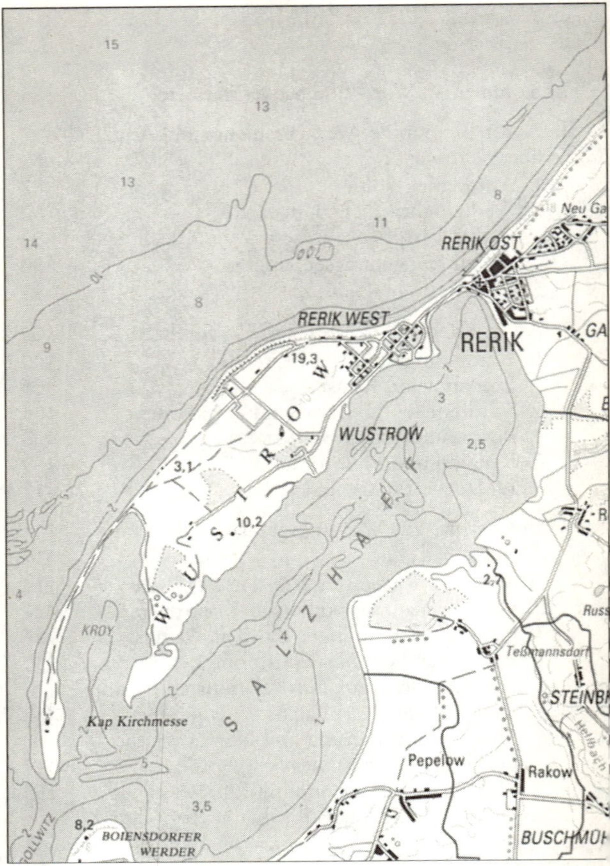

Karte von Rerik und Umgebung

I. Kommentar, Wort- und Sacherklärungen

Abgekürzte Literaturverweise beziehen sich auf die Literaturangaben am Ende des Bandes und Zahlenangaben in eckigen Klammern auf die Textabschnitte des Romans. Hinweise auf Zusammenhänge mit der Autor-Biographie sind durch den Zusatz AB gekennzeichnet.

[Titel] *Sansibar oder der letzte Grund:* Die Einrichtung des Romantitels als parallele und zugleich alternative Aussage folgt einer letztlich barocken Formulierungstradition, die später u. a. J. W. von Goethe in *Wilhelm Meisters Wanderjahre oder Die Entsagenden* (1821), Th. Fontane in *Frau Jenny Treibel oder wo sich Herz zum Herzen find't* (1892), M. Frisch in *Don Juan oder Die Liebe zur Geometrie* (1953) wieder aufgenommen haben. Die verdoppelte Nachricht besteht aus einer exemplarisch konkreten und einer abstrakt programmatischen Information.

Sansibar: Der erste Teil verortet die fiktive Welt in der raum-zeitlichen Wirklichkeit sowie in der Tradition von literarischer ›Insel‹-Motivik und ›Utopie‹-Thematik (griech. *ou* ›nicht‹ + griech. *tópos* ›Ort‹: erdachtes Land idealer Gesellschaft). Damit steht der Text in der Überlieferung griechischer Vorstellungen vom idealen Gemeinwesen (Plato), des ersten modernen utopischen Staatsromans *De optimo rei publicae statu deque nova insula utopia* (1516) von Th. More (d. i. Morus, 1478–1535) und der deutschen Entwicklung des utopischen Insel-Romans im 18. Jh., u. a. von J. G. Schnabel *Insel Felsenburg* (1731–43) und von W. Heinse *Ardinghello oder die glückseeligen Inseln* (1787). Die damit verknüpfte gedankliche Europaflucht, eine Folge zunehmender Unvereinbarkeit von individuellem Lebensanspruch, Zivilisationskritik (Staats-/Kirchenordnung) und Entdeckerberichten (Amerika/Südsee), verbindet sich zu Beginn des 19. Jh.s mit der Skepsis gegenüber idyllisierenden Insel-Hoffnungen, die der Ausweg aus einer unvollkommenen Welt sein könnten. – Im Roman symbolisiert *Sansibar* auf den beiden Ebenen der naiven Aufbruchssehnsucht des *Jungen* und der kalkulierten Aufbruchsaktion der Erwachsenen die erzählte Flucht vor staatlichen, gesellschaftlichen und kirchlichen Zwängen, angedeutet durch das dafür beispielhafte NS-Terrorregime und die flucht-utopische Menschheitssuche nach idealer Gegenwelt der Freiheit zur eigenen der Unfreiheit. – Historischer Kontext zu *Sansibar*: Teil des Schutzgebiets Deutsch-Ostafrika (1885–1918), unter Sultan Seyyid Daid (1806–56) Zentrum ostafrikanischer Sklaverei, durch den Helgoland-Sansibar-Vertrag (1890) gegen Helgoland eingetauscht; Helgoland: Insel revolutionärer, demokratischer, freiheitlicher Hoffnungen (H. Heine; dort entstand H. v. Fallerslebens *Das Lied der Deutschen*, 1841), nach 1890 Symbol national-patriotischen Selbstverständnisses im Untertanenstaat des Wilhelminischen Kaiserreichs. – AB: Winter 1951 Urlaub auf Sylt (exotische Strandbezeichnungen: Sansibar, Oase usw.); gemeinsame Irland-Pläne von A. Schmidt und Andersch; 1954 Reisen nach Sizilien, zu den Liparischen Inseln.

oder der letzte Grund: Der zweite Teil des Romantitels benennt die philosophische, metaphysisch-ontologische und moralisch den Leser ansprechende Dimension des Textes. Der Rückbezug auf den ›Satz vom zureichenden Grunde der Dinge‹ für alles Seiende impliziert die Frage nach dem Verhältnis von Mensch und Welt: »Alles, was ist, hat einen Grund seines Seins« (Grund-Folge-Gesetz: Ursache und Wirkung; G. W. Leibniz, 1646–1716). Die Frage nach dem Grund ist Ausdruck der ethisch bestimmten Erkenntnissuche nach Lebensweg, Lebenssinn, Willensfreiheit und Identität.

Roman: In der Folge der so genannten Krise des traditionell erzählenden Romans wendet Andersch die *Mittel moderner Erzähltheorie* an: die Neutralisierung von Autor, Erzähler und Erzählerbericht durch Modifizierung der auktorialen Erzählhaltung; ein perspektivisches, weithin unkommentiertes Erzählen aus der subjektiven Sicht der Figuren (Monologisierung/Dialogisierung; die Verwendung von indirekter, direkter, erlebter Rede/ Bewusstseinsstrom); simultanes episodisches Erzählen (Theatertechnik: Szene, Einheit von Raum, Zeit, Handlung) mit wechselnden perspektivischen Momentaufnahmen (Filmtechnik: Schnitt, Überblendungen) und mehrperspektivischer Figuren- und Handlungsdarstellung; literarästhetische Übertragung und semantische Aufladung der äußeren zugunsten der inneren Handlung, der poetischen Wirklichkeit, der Paradigmatik (Typisierung, Konzentration auf das Detail bzw. den Mikrokosmos) und existentiellen Bedeutung; die themenorientierte Generalisierung mittels Textverdichtung, Abstraktion, Versinnbildlichung; einen ausgedehnten Detailrealismus mit Referenzverweisen auf die historische, politische, geographische Wirklichkeit. – *Konzeptionell* orientiert sich der Roman vor allem an der deutschen Nachkriegsliteratur (H. Böll, W. Koeppen, A. Schmidt, P. Weiss) und der anglo-amerikanischen Literatur (W. Faulkner, E. Hemingway). (Vgl. zur Entstehungsgeschichte, S. 90–93.) – Die *Romanstruktur* ist bestimmt von raum-zeitlicher Konzentration, einer Abfolge szenischer Bilder (als Montage/Collage), dem Handeln weniger Personen in paralleler Figurenführung, ihrem Psychogramm und ihrer Rollenfunktion. Ein zurückgenommener auktorialer Erzähler berichtet aus überwiegend personaler Perspektive (Innenperspektive/Bewusstseinsinhalte) den monologisierten/dialogisierten Erzählvorgang und dessen unmittelbare Verknüpfung von erzählter Gegenwart mit erinnerter

Vergangenheit, von innerer und äußerer Handlung (Gleichzeitigkeit der Ungleichzeitigkeit). Der in sich geschlossene *Handlungsgang (Aufbau)* mit 37 nicht durchnummerierten Episoden folgt dem inhaltlichen Rhythmus von Vorbereitung (1–17), Entscheidung (18–20) und Durchführung (21–37), wobei die Szenenfolge alternierend unterbrochen wird vom kursiv markierten Monolog des Jungen. Die *erzählte Zeit* umfasst rund 24 Stunden zweier Tage im Oktober des Jahres 1937, vom frühen Nachmittag des einen Tages bis zum späten Nachmittag des Folgetages. Die *Personenkonstellation* ist kreisförmig um die zentrale, einzige reale Figur, den *Klosterschüler*, angelegt. In dieser Konfiguration agieren die einsamen, illegalen Helden zwischen Rückzug und Aufbruch, Existenzüberprüfung und Entfremdung, Freiheits- und Entscheidungssuche. Dieser innere Personenkreis, namenetymologisch funktionalisiert, ist an die Symbolik der Zahl ›fünf‹ gebunden: Es ist die Zirkularzahl der Vollendung, der menschliche Mikrokosmos. Seine Zusammensetzung folgt dem Prinzip der anonymisierten, distanzierenden Stellvertreterfunktion (Stereotypen, Rollensprecher) für isolierte Menschen, die durch die Attribute Diskriminierung, Identitätskrise und Fluchtabsicht zur Gruppe werden: Juden, Kranke, Kommunisten, Theologen, Künstler, Jugendliche. Jeder Hauptfigur ist eine weitere Figur beigefügt, die jeweils die tragische Notsituation erklärt: Gregor und Franziska (Regimeopfer), Judith und Mutter (Regimeopfer), Junge und Vater (Lebenskrise, Tod auf See), Helander und Käthe (sinnloser Kindbetttod), Knudsen und Bertha (potentielles Regimeopfer), *Lesender Klosterschüler* und Barlach (Regimeopfer). Das Panorama des fiktiven *Schauplatzes Rerik*, des Zentrums der Romanwelt, ergibt sich aus der multiperspektivischen, subjektiven Beschreibung der Figuren und ist in der Ausstattung eine Synthese aus topographischen, architektonischen Versatzstücken historisch-geographischer Wirklichkeit, was zur Verbindung von der erdachten mit der tatsächlichen Welt führt und die Identifikation des Lesers mit den Figuren erleichtert. Die *epische verdichtende Integration* erfolgt über das Thema, den geschlossenen Schauplatz, die erzählerische Verkettung der wenigen Figuren, ihr handelndes Fixiertsein auf ›Flucht‹, ›Freiheit‹ und das Zentralsymbol, den *Klosterschüler*, sowie über ein dichtes Netz von Zeichen, Chiffren, Symbolen und Motiven, historisch-politisch-geographischen Fakten, zahlreichen Anspielungen und Zeichen mit vielfältiger Referenz.

[Motto] *Und dem Tod soll kein Reich mehr bleiben:* mittlere Strophe des folgenden Gedichts von Dylan Thomas:

And death shall have no dominion

And death shall have no dominion. / Dead men naked they shall be one / With the man in the wind and the west moon; / When their bones are picked clean and the clean bones gone, / They shall have stars at elbow and foot; / Though they got mad they shall be sane, / Though they sink through the sea shall rise again; / Though lovers be lost love shall not; / And death shall have no dominion.
And death shall have no dominion. / Under the windings of the sea / They lying long shall not be windily; / Twisting on racks when sinews give way, / Strapped to a wheel, yet they shall not break; / Faith in their hands shall snapp in two, / And the unicorns evils run them through; / Split all ends up the shan't crack; / And death shall have no dominion.
And death shall have no dominion. / No more may gulls cry at their ears / Or waves break loud on the seashores; / Where blew a flower may a flower no more / Lift its head to the blow of the rain; / Though they be mad and dead as nails, / Heads of the characters hammer through daisies; /

Break in the sun till the sun breaks down. / And death shall have no dominion.
(Erstveröff. in: *The New English Weekly*, 18. Mai 1933; überarb. Fass.: *Twenty-Five Poems*, 1936; dt. Übers. von Erich Fried in Anderschs Zeitschrift *Texte und Zeichen*, Jg. 1, 1955, H. 4, S. 468.)
Dylan Marlais Thomas (1914–53), englisch-walisischer Dichter avantgardistischer Lyrik, verbindet Motive von Natur, Liebe und Tod mit keltischer Kultur, Mystik, Märchen und biblischer Denktradition, dem Weltschmerz der Neuromantik, den Bedrohungen durch Diktatur und Kriegsgräuel der 30er und 40er Jahre des letzten Jahrhunderts. Es ist kein christliches Gedicht, auch wenn die Titel- und Refrainzeile *And death shall have no dominion* auf die Paulus-Aussage des Neuen Testaments (Röm. 6,9) »[...] und wissen, daß Christus, von den Toten erweckt, hinfort nicht stirbt; der Tod kann hinfort über ihn nicht herrschen« zurückgreift und den Kommentar von Karl Barth mit einbezieht (s. S. 67f.). Der Vers *Though they sink through the sea shall rise again* verweist auf die Bibelstelle Offenb. 20,13: »Und das Meer gab die Toten, die darinnen waren, und der Tod und die Hölle gaben die Toten, die darinnen waren; und sie wurden gerichtet, ein jeglicher nach seinen Werken.« Der Zusammenhang mit dem Roman besteht im Bild vom Menschen, der apokalyptische Marterqualen unter der Herrschaft des absolut Bösen erleidet, in der Spannung menschlichen Daseins von historisch-gesellschaftspolitischen Zwängen und der Freiheit im Sinne von Sartres Existentialismus.

in Wassergewinden: im Wasserkleid, hier: im Strudel.

ans Rad man flicht: mittelalterliche Bestrafungsform: Nachdem man dem Verurteilten meist mit einer Eisenstange die Knochen vor allem der Extremitäten gebrochen hatte, wurde er auf ein Speichenrad geflochten und ausgestellt.

Einhorn: mythisches, pferdeähnliches Wesen, Sinnbild der Unschuld.

zerspellt: zerschellt, zersplittert.

[1] *Der Junge*

[Episodenüberschriften]: Die Reduzierung auf die Namen der maßgeblichen Handlungsträger wie eine Regieanweisung markiert den dramatischen Charakter des Prosatextes und verweist auf die monologische/dialogische Anlage sowie die inhaltliche Füllung der einzelnen Szenen.

Der Junge: Der ›lesende Schüler‹ ist die Parallelfigur zum *Lesenden Klosterschüler*, die Personifizierung der Gesellschaftskrise als eigener Sinn- und Lebenskrise, des Widerstandes durch Rückzug in unbeeinflusstes Lesen und Nachdenken, der Hoffnung auf eine Zukunft in Freiheit. Als erster wie letzter Sprecher mit der größten Textmenge bestimmt er Rahmen und Freiheitsdiskurs des Romans, leistet die Stichworte für den programmatischen Romantitel, das Thema, für wesentliche Leitmotive (Aufbruch/Freiheit), Symbole (Schiff/Fischer) und Metaphern (Meer/Fluss). Ohne individualisierenden Vornamen, unabhängig von der staatlichen Jugendorganisation (Hitlerjugend) figuriert das tagträumende fünfzehnjährige Einzelkind des vor zehn Jahren (1927) auf See verschollenen Fischers *Hinrich Mahlmann* als Leitfigur des Suchenden zwischen Phantasie und Realität, irrationaler Fluchtperspektive und rationaler Annahme von Verantwortung in der Gesellschaft.

Der Mississippi wäre das Richtige: Der größte Strom Nordamerikas ist Teil der mythisierten amerikanischen Geschichte von Aufbruch, Wanderung und Existenzgründung der Menschen in Freiheit. Als eines der Leitmotive bedeutet er Sehnsucht nach Freiheit in exotische Ferne. Die Verbindung mit der traditionellen Überlieferung des ›Wasser/Fluss‹-Motiv-/Symbolfeldes verstärkt die sinnbildliche Referenzleistung. – AB: 1944 Desertion in Italien zu den Amerikanern; 1944/45 Kriegsgefangener in Louisiana, USA; gesellschaftspolitische Schulung; Lektüre u. a. der Romane von M. Twain und W. Faulkner.

Huckleberry Finn: The Adventures of Huckleberry Finn (1884), Roman des amerikanischen Autors Mark Twain (1835–1910). In der Tradition des Schelmenromans erzählt der 13-jährige Huck Finn, Sohn eines Trinkers aus St. Petersburg/Mississippi, wie er vor seinem diktatorischen Vater auf die Flußinsel Jackson's Island flüchtet, von wo aus er zusammen mit dem entwichenen Sklaven Jim auf einem Floß ein Leben in Freiheit sucht. Der Roman ist Teil des dem *Jungen* zugeordneten Lektürekatalogs: Mark Twains *Tom Sawyers Abenteuer* (amerik. Erstausg. 1876) und *Die Abenteuer des Huckleberry Finn* (amerik. Erstausg. 1884); Robert Louis Stevensons (1850–94) *Die Schatzinsel* (amerik. Erstausg. 1881–83); Herman Melvilles (1819–91) *Moby Dick oder der Weiße Wal* (amerik. Erstausg. 1851); Charles Dickens' (1812–70) *Oliver Twist* (engl. Erstausg. 1837 f.); die Romane Karl Mays (1842–1912); Robert Falcon Scotts (1868–1912) *Kapitän Scotts letzte Fahrt* (engl. Erstausg. 1913). Die Titelzusammenstellung kontrastiert die NS-Buchempfehlungen, dient der Figurenfunktion des jungen Lesers und des exemplarischen Romanthemas einer notwendigen Selbstverwirklichung des Einzelnen im Konfliktfeld von individueller Freiheit und gesellschaftlicher Bindung.

Er sah vom Buch auf: Motivverknüpfung von weltlichem Leser mit *Lesendem Klosterschüler*. Lesen wird – im Unterschied zu Gregors Lektüre der Parteischriften in Moskau (vgl. Anm. zu *Figur*, S. 43,50) – über beide ›Personen‹ als intellektueller Akt des individuellen Erlebens von literarisierter Welt im Buch, des Erkennens der eigenen Suche nach geeigneter Weltsicht und der Schulung des Urteilsvermögens verstanden. Einbezogen ist als dritter Leser derjenige des Romans, dem das Lesen über das Lesen als Akt der geistigen Freiheit zur unmittelbaren Erfahrung wird.

Treenebrücke: Treene, Fluss in Schleswig-Holstein; Teil des Wasserstraßennetzes, das im Mittelalter dem Fernhandel zwischen Nord- und Ostsee diente (Hollingstedt, Haithabu, Schleswig) und damit eine dem Mississippi vergleichbare erzählerische Funktion des ›Fluss‹-Motivs als Freiheitsmetapher erfüllt. – AB: Wanderungen (1938) und Reisen während des Zweiten Weltkriegs in Schleswig-Holstein.

Weide: schnellwüchsige Pflanzengattung; seit der Antike wechselnde symbolische Bedeutung: z. B. verkörpert sie Zauberkräfte, dient als Weisheitsquelle, gilt auch als Baum der Trauer und des Abschieds (Trauerweide).

Gerberei: Handwerks- oder Industriebetrieb, in dem mit chemischen Gerbstoffen Tierhäute in Leder umgewandelt werden. Motivverbindung mit des *Jungen* Wunsch nach Lebensänderung als ›Häutung‹.

Auf dem Mississippi wäre man weg: Unmittelbarer thematischer, motivlicher und sprachlicher Zusammenhang mit F. Kafkas Anekdote *Der Aufbruch* (1921 f.): *»›Weg-von-hier‹, das ist mein Ziel«* (vgl. P. Bichsel, *San Salvador*, 1964). Beide Autoren meinen durch die Erfahrung der Geschichtlichkeit ihres Lebens im Kontext von Kriegs- und Nachkriegszeit etwas verändern zu müssen.

[2] *Gregor*

Gregor: (griech.) *Gregorius* ›der Wache, der Wachsame‹; historischer Namenträger: Papst Gregor I. (der Große, 590–604), Patron der Sänger und Schüler; einer der bedeutendsten Päpste, Kirchenlehrer und Reformatoren

Kartenausschnitt von Ostsee und Mecklenburger Bucht

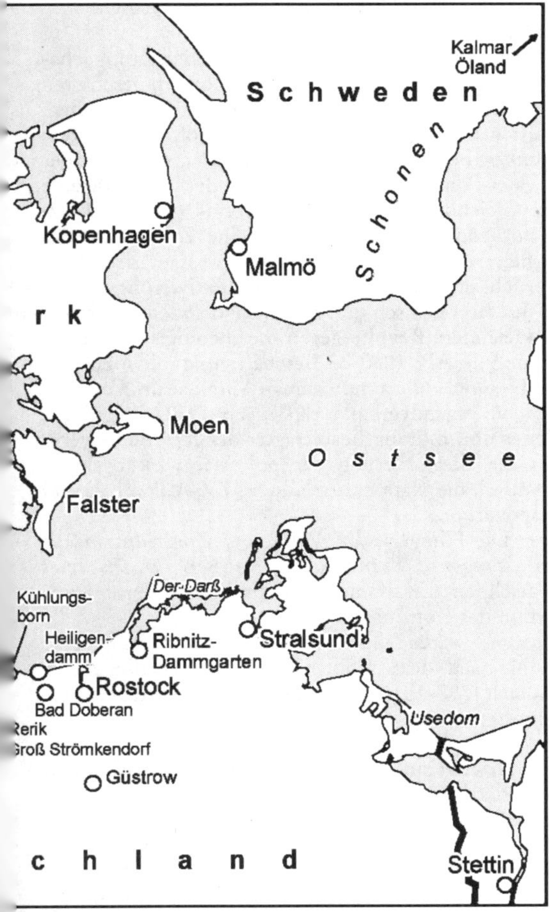

Kalmar
Öland
S c h w e d e n
Schonen
Kopenhagen
Malmö
r k
Moen
O s t s e e
Falster
Der Darß
Kühlungs-
born
Heiligen-
damm
Ribnitz-
Dammgarten
Stralsund
Rostock
Bad Doberan
Rerik
Groß Strömkendorf
Usedom
Güstrow
c h l a n d
Stettin

der katholischen Kirche. Die Namensbedeutung charakterisiert die Romanfigur, den ideologisch geschulten KP-Funktionär. Als einziger Deserteur ohne Namen, mit falschen Identitätspapieren, ohne Kontakt und Vergangenheit bekommt er Modellcharakter, steht in einer Art Vater-Sohn-Verhältnis zu Helander, zeigt Bezüge zum »Gleichnis vom verlorenen Sohn« (Lk. 15,11–32) und zu Anderschs Biographie. Seine Zweifel an der Wahrheit von Ideologien, staatlich-totalitaristischem Anspruch und geistig-sozialer Kollektivierung verändern ihn zum kritisch und sozial handelnden Menschen (vgl. Helanders Revolte gegen die theologische Bevormundung). – AB: 1930–33 Beschäftigung mit sozialistischer Ideologie (Kommunismus), Mitglied im Kommunistischen Jugendverband (KJV), ab 1932 Organisationsleiter und Bildungsbeauftragter des KJV Südbayern, erlebt die Illegalisierung der politisch wirkungslosen KPD durch die Nationalsozialisten, KZ-Aufenthalt und Gestapoverhör.

Vorhang: Die Hinweise auf *Vorhang / Konstruktion aus hellen Stangen / Szenarium / Kulissen für ein Spiel* kennzeichnen die dramentheoretisch orientierte Konstruktion des Romans.

die schwarz makadamisierte Straße: Makadamdecke, benannt nach dem schottischen Straßenbauingenieur McAdam (1757–1836); ursprünglich sandeingeschlämmte Schotterdecke, später die Deckschicht aus Bitumen (Teer). Die negative Farbsymbolik bestimmt das ›Weg‹-Motiv, verweist auf die Bedrohlichkeit der Situation und die Konfliktlage der Figur.

jenseits des Hoheitsgebietes der Drohung, sieben Meilen von der Küste entfernt: metaphorische Verknüpfung von seerechtlichem Hoheitsanspruch (nationales Staatsgebiet; Dreimeilenzone), dem Machtbereich der NS-Herrschaft und der wahrscheinlichen Sperrzone (7 Seemeilen) eines Sicherheitsbereichs des Militärstandorts Rerik

»Reichsstatthalter Friedrich Hildebrandt überreicht Bürgermeister Süßmilch das Stadtrecht von Rerik«
Rostocker Anzeiger, 2. April 1938

(Flakartillerieschießplatz). Anspielung auf die »Siebenmeilenstiefel« (Adalbert von Chamisso, *Peter Schlemihls wundersame Geschichte*, 1814) für die erfolgreiche Flucht aus der Unfreiheit.

Schweden: Das Königreich Schweden verhielt sich gegenüber dem nationalsozialistischen Deutschen Reich außenpolitisch bedingt neutral und galt als zuverlässiges Fluchtziel (Exil) für politisch und rassisch Verfolgte (z. B. Juden, Kommunisten, Sozialdemokraten).

nicht vom Meer hängt es ab, ob ich fliehen kann: Opposition von verlässlicher Natur und unwägbaren historisch-politischen Umständen der Zivilisation, denen der Einzelne gegenüber dem anderen Einzelnen, seiner geistigen Verfassung und ethischer Überzeugung ausgeliefert ist.

Genossen: urspr. ›Teilhaber‹ (deutsches Recht im Mittelalter), seit Ende des 19. Jh.s im deutschsprachigen Raum (Sozialistengesetz, 1878: Verbot sozialistischer Bestrebungen und Einrichtungen) solidarisierende Anrede der Sozialisten untereinander.

Rerik: Kleinstadt und Badeort (Kreis Bad Doberan, Bezirk Rostock) nordöstlich von Wismar, am Salzhaff (Ostsee) und am Anfang der Halbinsel Wustrow gelegen (1999: 2100 Einwohner). Die Einrichtung des zentralen Romanschauplatzes *Rerik* orientiert sich u. a. am historischen Rerik: 1. 1933–38: Ausbau der Halbinsel Wustrow zur ›Soldatenstadt‹ mit dem größten Flakartillerieschießplatz (Flak: Flugabwehrkanone) der Deutschen Wehrmacht, auf dem Luftabwehrwaffen getestet und Flakpersonal ausgebildet wurden. – 2. Die historische Stadt, ein Kunstgebilde, ist am 1. April 1938 aus dem Zusammenschluss der Dörfer Alt Gaarz (slaw., ›Alte Burg‹), Neu Gaarz, Wustrow, Gaarzerhof und Blengow hervorgegangen; sie ist das Resultat NS-politischer Stadtplanung, Bäderreorganisation (»Kraft durch Freude«) und ideologisierter Namengebung. In einer propagandistischen Aktion verleihen die NS-Behörden den historischen Namen *Reric*, die Bezeichnung eines nicht nachgewiesenen, angeblich 808 n. Chr. von den Dänen zerstörten germanischen Handelsplatzes. Nach neueren Grabungen (seit 1995) muss jedoch das Zentrum der slawischen Obdoriten (Wismarer Bucht / Schweriner See) mit dem Seehandelsplatz *Reric* an der Ostseeküste der Wismarer Bucht bei Groß Strömkendorf angenommen werden. Die literarästhetische Übertragung dieser Fakten führt zu folgenden Konsequenzen: 1. Vorverlegung der Erzählzeit auf das historische Jahr 1937; 2. Konzeptionierung des Schauplatzes durch die Verbindung mit topographischen Bezeichnungen des Ostseeraums, den stadtgeographischen wie gebäudegeschichtlichen Fakten anderer Küstenstädte zum fiktionalen *Rerik*: Fischerei- und Seehafen (Vorbild Wismar/Rerik) im Schutz der vorgelagerten *Lotseninsel* mit dem Fluss *Treene*; aus Gründen der Glaubwürdigkeit die Einbindung des fiktionalisierten Rerik in ein Netz überprüfbarer topographischer Nachweise; konzentrisch weltweite Ausdehnung des Schauplatzes vom Innenraum der Kirche St. Georg und dem Platz des *Klosterschülers*; Reduzierung des fiktiven Stadtplans auf Kirchengebäude und Hafenanlage (Wismar), die als spiritueller Hafen und als infrastrukturelle Einrichtung die religiöse und die weltliche Seite des menschlichen Lebens (Aufbruch, Unterwegssein, Ankunft) versinnbildlichen. Das fiktionale *Rerik*, Ort der individuellen Entscheidung für geistige Freiheit, Humanität und gesellschaftspolitischen Widerstand, kontrastiert mit dem historisch-geographischen Rerik, dem Ort kollektiver geistiger Unfreiheit, ideologisch erzwungener Inhumanität und militaristischer Machtausübung (vgl. Anm. zu *Tarasovka*, S. 36). – AB: Wanderungen im Raum Wismar 1938.

[3] *Der Junge*

seit Ostern aus der Schule: Bis 1966 fanden Einschulung, Versetzung und Schulentlassung zu Ostern statt.

Man mußte raus. Es gab drei Gründe: Dem *Jungen* als Personifizierung von naivem Lebensverständnis und Zukunftsvision werden Reflexion und Schlussfolgerung für die philosophische Frage nach der Definition eines Lebenskonzepts übertragen. Die drei Argumente einer Zielbestimmung prägen sowohl Romantitel als auch Handlungskonzept und Autorintention: 1. Grund: subjektive Wahrnehmung des Stillstandes aus jugendlicher Unerfahrenheit, der den objektiven gesellschaftspolitischen Stillstand wiedergibt (Kap. [5], [9], [19]); 2. Grund: subjektive Empörung des Sohnes angesichts des unsozialen Verhaltens der Mitbewohner gegenüber dem Vater, das die objektiven gesellschaftlichen Verhältnisse, das zerstörte ethische Bewusstsein spiegelt ([5]); 3. Grund: das subjektive Verlangen nach Veränderung des eigenen Lebens durch Aufbruch, Neuanfang und sinnvolles Handeln, das im Entschluss der Rückkehr aus Schweden in eine noch diffuse, aber an den objektiven Verhältnissen der Welt orientierte Einschätzung des verantwortungsbewussten Lebens umschlägt ([9], [25]).

[4] *Helander*

Helander: (ahd.) *heilant*, (altsächs.) *heliand* ›Heiland‹; Lehnübersetzung von (kirchenlat.) *salvator*; Jesus Christus als Erlöser der Menschen: der gekreuzigte Heiland, Retter Helfer; Kompositum aus (griech.) *helios* ›Sonne, Licht, Sonnengott‹ + (griech.) *andrea* ›Tapferkeit, tapferer Mann‹; literarischer Bezug ist *Heliand*, anonyme Evangelienharmonie (um 825), eine popularisierende Erzählung des Lebens Jesu auf der Grundlage des Neuen Testaments. – Namenhistorische Konnotationen:

Verbundenheit mit der Tradition humanistischen Gedankenguts des 14.–16. Jh.s (beeinflusst von Antike, Renaissance, Reformation), dem zentralen Aspekt eines neuzeitlichen Individualitätsverständnisses (Freiheit, Selbstbestimmung), verkörpert durch den bürgerlichen Gelehrten als Typus des weltoffenen Menschen mit häufig latinisierten/gräzisierten Namen, z. B. Buchmann > Bibliander. Die Anlage der Romanfigur folgt dieser Semantisierung durch die programmatische Namengebung. Es finden sich Eigenschaften von Anderschs Vater (Veteran des Ersten Weltkriegs, Beinamputation, Diabetes) und des Pfarrers Johannes Kreppel (Vorbild des jugendlichen Autors, Konfirmationspastor 1927).

Georgen-Kirchplatz: St. Georgen zu Wismar, dem fiktiven Schauplatz *Rerik* zugeordnet; gotische dreischiffige Basilika (Baubeginn 15. Jh., 1945 teilweise zerstört); St. Georg: römischer Offizier, legendärer Märtyrer; seit dem Mittelalter Heiligenkult und Darstellung als Ritter im Kampf mit dem Drachen; indirekter Hinweis auf Pastor Helanders Selbstverständnis.

Spätherbst: im Sinne der Symbolik zyklischer Jahreszeiten ein Verweis auf Endzeitstimmung und bevorstehenden Neubeginn.

betete … gegen die Leere an. Gegen … die drei schon entlaubten Linden, … das schweigende dunkle Rot der Ziegelwand: Umschreibung der verzweifelten Situation des Theologen, dass seine pastorale Verkündigung unter der Terrorherrschaft nicht mehr gehört und respektiert wird und dass sich die positive ›Dreiheit‹ von *drei* Linden (Glaube, Liebe, Hoffnung: Sinnbild der Vermittlung, des Himmels, der Einheit christlichen Ordnungsdenkens), von Natur (*Linde:* reduziert auf Stamm und Äste; traditionell heiliger Baum, der von Krankheiten erlöst; der Platz darunter dient als Versammlungsort bzw. als Zentrum von Gemeinschaft) und Kirche (reduziert auf *Rot der Ziegelwand* als ein ambivalentes Bild

Die Kirche St. Georgen in Wismar, um 1925

von Hindernis/Bedrohung und Hoffnung) ihrer helfenden Funktion entziehen.

Querschiff: der das Kirchenschiff durchkreuzende Raum.

die Tafel, auf der die Schrift nicht erschien: komplexe Erläuterung einer von Helander empfundenen Ferne Gottes, der in Zeiten einer gottlosen Diktatur kein Zeichen der Verdammung der *Anderen* gibt; direkter Bezug zur Verkündigung der mosaischen Gesetze auf dem Berg Sinai (2. Mose 20–31) und der vom Propheten Daniel überlieferten Episode während eines Gastmahls des babylonischen Königs Belsazar (Kronprinz Belscharrarrussur, Sohn des gleichzeitig regierenden letzten babylonischen Königs Nabonid, 555–539 v. Chr.), als auf der Saalwand die den Untergang seines Reiches verkündenden Orakelworte erschienen: »Mene tekel ufarsin« (aramäisch: »Er [Gott] hat [das Reich] gezählt, gewogen, zerteilt«; Dan. 5,25–28). Die prophetische Botschaft führt zur Befreiung der Juden aus der »babylonischen Gefangenschaft« (um 587–538 v. Chr.). Das ›Wand/Schrift‹-Motiv und sein historisch-theologischer Kontext ist ein symbolisches Warnzeichen, das auf die Allmacht Gottes über Strafe und Begnadigung verweist. Vgl. H. Heines *Belsazar* (Ballade, 1822); Motivübernahme aus F. Kafkas *Vor dem Gesetz* (1914). Vgl. Anm. zu *betete*, S. 21, zu *Die große rote Wand*, S. 54, vgl. 21.

mit dem reisigen König: der schwedische König Gustav II. Adolf (1594–1632), gerühmt für Frömmigkeit und aufgeklärte Politik zu Gunsten des Gemeinwohls, der im Zusammenhang mit seiner Ostseeherrschaft in den Dreißigjährigen Krieg eingriff, dazu 1630 auf der Insel Usedom (Odermündung) landete und seinen General Carl Gustav Wrangel als Oberbefehlshaber und Statthalter der schwedischen Territorien in Wismar einsetzte.

Seine Prothese knarrte: Prothese, künstliche Beinkonstruktion aus Holz und Leder; Hinweis auf die körperlichen Qualen, im übertragenen Sinne auf die Unsicherheit im Glauben.

[5] *Der Junge*

Buksand: Sandbank; Namensbezug zur küstengeographischen Bezeichnung »Bukspitze«, 7 km nordöstlich von Rerik.

Senknetz: zwischen einem Gestänge ausgespannte Netzfläche, die mit einer Senkschnur an einer Senkstange befestigt ist, mit Lockfutter bestreut, ins Wasser gesenkt und dann mit den Fischen hochgezogen wird.

»In den Stiefeln gestorben«: in pflichtbewusster Erfüllung des Berufes gestorben.

[6] *Knudsen*

Knudsen: Berufsfischer, Kutterbesitzer; *Heinrich K.*, (schwed.) *Knud*, Vorname, von (ahd.) *chnuz*, (mhd.) *knuz* ›waghalsig, vermessen‹; *Heinrich*, von (ahd.) *hag* ›Einhegung‹ + (germ.) **rik* ›Herrscher‹, (ahd.) *rihhi* ›Herrschaft‹; Ehefrau *Bertha*, ältere Form von *Berta*, von (ahd.) *beraht* ›glänzend‹; *Pauline*, Name des Fischkutters, Ableitung von *Paula*, männl. *Paul*, von (lat.) *paul[l]us* ›klein‹, Assoziation mit dem Apostel Paulus (Anfang des 1. Jh.s – 60/62?), christlicher Missionar und Theologe aus jüdischer Familie, mit seinem so genannten »Damaskuserlebnis« (persönliche Berufung zum christlichen Apostel) und den zahlreichen Missionsreisen per Schiff im römischen Reich. – Knudsens existentielles Dilemma besteht in folgendem Konflikt: Er begreift das politische Versagen seiner Partei, sieht sich nach Verbot und Verfolgung der KPD durch die NS-Behörden in die gefährliche Illegalität gedrängt, kann dem politischen Widerstand gegen die Diktatur nicht mehr nachkommen, ist dem Schutz für seine durch

Euthanasie gefährdete, geistig behinderte Ehefrau verpflichtet.

Patience: (wörtl.) Geduld; Kartenspiel in vielen Variationen zumeist für eine Person.

Brägevoldt: (nordd.) *Brägen* ›Gehirn‹; Namensemantik, die das Versagen der Parteiführung ironisiert.

Rostock: große Hafenstadt an der mecklenburgischen Küste (Hansestadt) mit Überseehafen, rund 30 km östlich von Rerik; mehrere markante Kirchenbauten der Backsteingotik.

Instrukteur der Partei angemeldet: von der Parteiführung beauftragter Funktionär (im Roman: *Gregor*; s. Kap. [10], vgl. Anm. zu *Gregor*, S. 13), der die ideologische Schulung von Parteimitgliedern betreibt, Parteitagsbeschlüsse vermittelt und Ziele der Parteiarbeit für die Region benennt. Vgl. Anm. zu *ZK*, S. 30.

kann mich am Arsch lecken: siehe J. W. v. Goethes *Götz von Berlichingen mit der eisernen Hand*« (III. Akt, Jagsthausen, Schlussszene), letzter Satz: »Er aber, sag's ihm, er kann mich – – –« (so genanntes »Götzzitat«, zit. nach der Ausg.: Stuttgart: Reclam, 1993, S. 73; vgl. die dortige Anmerkung auf S. 125: »In den Ausgaben von 1773 und 1774 steht statt der drei Striche: *im Arsch lecken*«). Zur abschätzig deftigen Redensart verblasstes Zitat im Sinne von ›er ist mir völlig gleichgültig‹.

die Partei hätte schießen sollen: verbitterter, aber weltfremder Hinweis darauf, dass die KPD nicht nur über drohende Illegalität hätte diskutieren dürfen, sondern sich durch Bewaffnung darauf hätte vorbereiten müssen, um auf Parteiverbot und Unterdrückung durch den Nationalsozialismus 1933 mit bewaffnetem Widerstand reagieren zu können. Vgl. Anm. zu *1937*, S. 27.

Fünfergruppensystem: Organisation der Parteimitglieder in klein gehaltenen geheimen Gruppen (Zellen), um angesichts von Parteiverbot und zunehmendem Verfolgungsdruck in der Illegalität möglichst unauffällig und beweglich konspirativ agieren zu können (vgl. Anm. zu *nun, im Jahre 1937*, S. 28). Die Fünfergruppe um den *Klosterschüler*, ein Zusammenschluss unter den Bedingungen des Geistes, der freien Entscheidung und Humanität, entlarvt die Parteigruppe als Organisation der ideologischen Bevormundung.

Püttscherkram: (nordd.) *pütscherig* ›kleinlich, umständlich‹; hier im Sinne von weltfremder Entscheidung.

muß ich auf den Dorsch: auch *Schellfisch* (Nordatlantik), *Kabeljau* (Nordsee); seemännische Redensart für ›zum Fischen hinausfahren‹.

Zunahme des Terrors: Vgl. Anm. zu *nun, im Jahre 1937*, S. 28.

der flötenging: der verloren ging.

Bertha: siehe Anm. zu *Knudsen*, S. 24.

Witz erzählen: groteske Veranschaulichung der NS-Tötungspolitik von geistig Kranken durch eine geistig Kranke.

was sie mit den Geisteskranken machten: Die Tötung geisteskranker, missgebildeter und erbkranker Personen, untergebracht in privaten, kirchlichen oder staatlichen Heil- und Pflegeanstalten, oder ihr Missbrauch bei vorgeblich medizinischen Versuchen ist eine Folge von gesundheitshygienischen (Eugenik, griech.-neulat., »Erbgesundheitsforschung«) und rassehygienischen Forderungen der NS-Ideologie. Mit dem Euthanasieprogramm (griech., ›leichter Tod‹) zur »Vernichtung lebensunwerten Lebens« (1939) werden diese zum staatlich legitimierten Auftrag. Rechtliche Voraussetzungen: Gesetze zur Verhütung erbkranken Nachwuchses (1933), zum »Schutz der Erbgesundheit des deutschen Volkes« (1935), Letzteres als Teil der »Nürnberger Gesetze« – so genannte »Rassengesetze« – (Bezeichnung für das »Reichsbürger-Gesetz« und das »Gesetz zum Schutze des deutschen Blutes und der deutschen Ehre«; Nürnberger Parteitag der NSDAP, 1935).

Bertha als Waffe gegen die Partei: Nötigung Knudsens zu politischem Wohlverhalten.

Vorbereitung auf die Illegalität: (lat.) *Illegalität*, ungesetzlicher Zustand; Vorbereitung der KPD für den Fall der Verfolgung und des Ausweichens in den gesellschaftlichen Untergrund durch Verhaltensschulung, besonders Personenkontakte, gefälschte Ausweispapiere, Deckadressen usw.

Stagnation: (lat.) Stillstand; hier: ohne parteipolitische Aktivitäten.

1937: Die Jahreszahl verweist auf die zeitgeschichtliche Bindung (Wahrscheinlichkeitsanspruch; Korrespondenz von 1937 mit den 37 Romanszenen) und politische Dimension des Romans. Die historischen Ereignisse des Jahres 1937 stehen in enger Beziehung zum Thema, den Gegenständen des Romans und zur Leitfrage nach dem ethischen Handeln des Einzelnen im Zusammenhang von Diktatur/Demokratie, Unfreiheit/Freiheit. Historische Fakten: u. a. Festigung der NS-Gewaltherrschaft durch die Verlängerung des so genannten »Ermächtigungsgesetzes« (24. März 1933) um weitere vier Jahre, Festlegung der NS-Expansionspolitik, Eröffnung der Wanderausstellung »Entartete Kunst« (München; vgl. Anmerkung zu *Auf der Liste*, S. 45), Beschlagnahme von rund 400 Werken Barlachs durch so genannte »Säuberungskommissionen«; Dienstantritt von Polizeihauptmeister Fritz Wiese in Ribnitz (vgl. Anm. zu *drei, drei, neun*, S. 68); Kritik von Papst Pius XI. in der Enzyklika »Mit brennender Sorge« an der NS-Kirchenpolitik; Höhepunkt der so genannten »Säuberungen« in der UdSSR (1936–38; russ. *čistka*; vgl. Anm. zu *Vorlesung*, S. 38) unter Stalin und Entlarvung des staatsterroristischen Stalinismus und seiner menschenverachtenden Ideologie; Höhepunkt der Bürgerkriegskämpfe in Spanien (1936–39), absehbare Niederlage der Republikaner (Gründung der Republik, 1931) im Kampf gegen die aufständische Falange General

Francos, die Zerstörung Guernicas (›heilige Stadt‹ der Basken) durch deutsche Militärflugzeuge der Legion »Condor«, Pablo Picassos Reaktion darauf mit dem Antikriegsbild *Guernica* für den spanischen Pavillon der Weltausstellung in Paris; Internationaler Schriftstellerkongress in Madrid. – Darüber hinaus signalisiert diese Festlegung die erzählerische Distanzierung vom historischen Jahr 1938, in das wesentliche autobiographische Erfahrungen des Autors fallen, sich die Stadtgründung und baulich-organisatorische Vollendung des Militärstandortes des historischen Rerik vollziehen sowie gewichtige historisch-politische Ereignisse aus dem Kontext der NS-Gewaltherrschaft fallen: u. a. Festigung der Macht der NSDAP im Oberkommando der Wehrmacht, im Auswärtigen Amt, gewaltsame territoriale Erweiterung (»Anschluss« der Republik Österreich, der Sudetengebiete und der Tschechoslowakei – »Sudetenkrise«, Münchner Konferenz), staatlich organisierte Terrorisierung der Juden (Judenpogrom, »Reichskristallnacht«), Beschlagnahme jüdischen Eigentums und Ausschaltung der Juden aus dem Wirtschaftsleben, Adolf-Hitler-Schule »Pflanzstätte bester deutscher Führer« (Heiligendamm bei Bad Doberan), Tod Ernst Barlachs, Eröffnung der Propagandaschau »Entartete Musik« (Düsseldorf).

nun, im Jahre 1937, … zogen die Anderen plötzlich die Schraube an: Gemeint sind Daumenschrauben, ein altes Folterwerkzeug; *die Anderen*: abstrahierende Bezeichnung für die Faschisten; stereotypisierender Begriff (vgl. Peter Bamm, *Die unsichtbare Flagge*, 1952). Nach dem »Programm zur nationalen und sozialen Befreiung des deutschen Volkes« (KPD, 1930), das sich gegen die Sozialdemokratie richtet (Vorwurf des Sozialfaschismus) und die Ziele der Nationalsozialisten verkennt, nach der taktischen Zusammenarbeit mit der NSDAP im Reichstag (1930–32) und bei öffentlichen politischen Gewaltaktionen (z. B. Berliner Verkehrsarbeiterstreik, 1932,

Altonaer Blutsonntag, 1932) wähnt die KPD sich im Kampf um die parteipolitische Macht in Deutschland abgesichert. Nach dem Reichstagsbrand (1933) und den Pogromen jedoch erfolgt die Verhaftung der KPD-Abgeordneten des Reichstags und weiterer rund 8000 Funktionäre, die Zerschlagung der Parteiorganisation, ihre illegale Reorganisation. Die erneute Verhaftung von rund 20000 Personen (1936–37) führt die KPD in die Bedeutungslosigkeit. Vgl. Anm. zu *als die Anderen*, S. 41, zu *Auf der Liste*, S. 45, zu *Tschistka*, S. 74.

Man hörte von Verhaftungen in Rostock, in Wismar, in Brunshaupten, an der ganzen Küste: R. und *W.* sind Hafenstädte östlich und westlich von Rerik; *B.*, heutige Bezeichnung Kühlungsborn, Kleinstadt 7 km östlich von Rerik, die 1938 aus den drei Siedlungen Brunshaupten, Fulgen und Arendsee entstand.

Sie zerbrachen das Holz, als es mürbe geworden war: metaphorische Redensart, die symbolische Bedeutung von Holz nutzend: als *materia prima* eines der ältesten Werkstoffe des Menschen; Bedeutungszusammenhang mit Lebenskraft, Geborgenheit (Geburt, Tod), Baum der Erkenntnis, Kreuz; hier im Sinne der Überwältigung nach erlahmter Widerstandskraft. – Anspielung auf Barlachs bevorzugtes Skulpturenmaterial sowie die Zerstörung seiner Gesundheit und künstlerischen Existenz durch die NS-Kunstpolitik.

Elias: (hebr.) ›(mein) Gott ist Jahwe‹ (*Jahve*, Name Gottes im Alten Testament), männlicher Vorname (Bibel); Elias hat als bedeutender Prophet im Reich Israel den in der ersten Hälfte des 9. Jh.s v. Chr. verbreiteten Baalskult (hebr. *Baal* ›Herr‹; westsemitischer Wetter- und Fruchtbarkeitsgott) bekämpft. Bestätigt in seiner Größe durch legendäre Wunder, trat er für die Alleinvertretung des alten israelitischen Volksgottes Jahwe ein.

Nach den Regeln der Partei: Anonymität als Schutzmaßnahme für die Parteimitglieder.

Anweisungen des Zentralkomitees: Abkürzung ZK; in kommunistischen Parteien vom Parteitag bestimmtes Führungsgremium, das den Generalsekretär wählt, das Politbüro, das Parteisekretariat sowie das Komitee für die Parteikontrolle. Es leitet zwischen den Parteitagen die Arbeit der Partei, der lokalen Parteiorganisationen, bestimmt die führenden Funktionäre und lenkt die von der Partei beeinflussten Arbeiterorganisationen.

Jetzt bin ich der Fisch: Die Intensität der Konfliktreflexion des Fischers Knudsen wird durch die Wiederholung des Fisch-Motivs unterstrichen (christliche Fischsymbolik: Wasser, Taufe, vgl. Mt. 4,19; das griechische Wort für Fisch Ichtys wurde von den frühen Christen als Abkürzung für »Jesus Christus, Gottes Sohn, Erlöser« – Iesus CHristos THeo HYios Soter – verstanden).

[7] *Der Junge*

Vielleicht aber ist Vater doch ein Säufer gewesen: zunehmend kritisches Nachdenken des Jungen über die Glaubwürdigkeit der Gesellschaft, die verborgene Sinnkrise im Leben seines Vaters und die eigene Orientierungssuche.

der Junge von Hinrich Mahlmann: (nordd.) *Hinrich* ›Heinrich‹ (vgl. Anm. zu *Knudsen*, S. 24); die Identität der Vornamen von beiden Fischern, Knudsen und Mahlmann, zeigt zwei Möglichkeiten der Konfliktbewältigung auf: Widerstand und Verantwortungsflucht.

[8] *Judith*

Judith: Judith Levin (vgl. Anm. zu *Judith Leffing*, S. 34), (hebr.) *Judith* ›Frau aus Jehud‹; Bezug auf das Buch Judith der Apokryphen, in dem über die legendäre gläubige Witwe J. berichtet wird, dass sie unter der gewalttätigen Herrschaft des Assyrerkönigs Nebukadnezar II.

dessen assyrischen Feldhauptmann Holofernes tötete und durch eine List, mit Gottes Beistand, ihre befestigte Vaterstadt Bethulia rettete, in die sich das bedrohte Volk Israel zurückgezogen hatte (Kontrastfigur zur Romanfigur *Judith*). Die Erzählung ist beispielhaft für die Gewalt gottesfeindlicher Mächte in der Welt, die mutige Tat des Einzelnen für das eigene Volk und den Glauben und die Hilfe Gottes für alle bedrohten Gläubigen. – (Hebr.) *Levin* ›Sohn von Jakob und Lea‹ (1. Moses 29,34), danach benannter israelitischer Stamm, der in der Königszeit ausschließlich Träger des Priesteramtes (Leviten) in Palästina war. – AB: Zahlreiche Kontakte zu jüdischen Bürgern; Ehe mit der Halbjüdin Angelika Albert (geb. 1906; vgl. Anderschs Erzählung *Ein Techniker*, 1942) aus Münchner großbürgerlichem Milieu, Ehescheidung 1942.

›Wappen von Wismar‹: Poetisierung durch Alliteration; stadtgeschichtlich gibt es kein Hotel dieses Namens; *Wappen:* die nach 1918 zentralen Motive von »Kogge« und »Stierkopf« verweisen auf die gleichzeitige Zugehörigkeit zum Land Mecklenburg und zum Hansebund (Hanseatenflagge an Mastspitze).

unter einem nördlichen, hellen, vollständig leeren Herbsthimmel: Spiegelung seelischer Befindlichkeit (Einsamkeit und Ängstlichkeit) in der Naturerfahrung.

Lübeck: große Hafenstadt der westlichen Ostsee (Schleswig-Holstein); Atmosphäre und stadtbauliche Anlage (Kirchen) werden als Teil des fiktiven Ortes *Rerik* übernommen, wie auch der Bahnanschluss von Wismar.

Schoner: (engl.) seit dem 18. Jh. Segelschiff mit mehreren Masten, dessen Besegelung längsschiffs angebracht ist.

Travemünde, Kiel, Flensburg, Rostock – das wird alles überwacht, ... du mußt es in Rerik versuchen, das ist ein toter kleiner Platz, an den denkt niemand: bedeutende Hafenstädte an der schleswig-holsteinischen/mecklenburgischen Ostseeküste mit polizeilich überwachten

Schiffsverbindungen nach Skandinavien (Unterbindung illegaler Flucht vor der NS-Herrschaft); Kennzeichnung des fiktiven *Rerik* als wirtschaftlich und politisch unerhebliches Provinznest im Unterschied zum historischen Militärstandort Rerik.

Holzsteamer: (engl.) *steamer* ›Dampfer‹; Holzfrachter; Holz als wichtiges Exportgut Schwedens.

sentimentales Faible: (lat.-frz.) rührselig, gefühlvoll; (frz.) Vorliebe, Neigung.

Rügen: große Ostseeinsel nordöstlich von Rerik; beliebtes Reiseziel im Sommer.

Parterresalon: (frz.) Wohnzimmer im Erdgeschoss.

Leinpfad: Straße in Hamburg, zwischen Alster und Leinpfadkanal von der Außenalster nach Norden in den Stadtteilen Hoheluft/Winterhude verlaufend; der *L.* mit Villen und Mehrfamilienhäusern ist traditionell Wohnviertel der wohlhabenden Oberschicht. – AB: 1937–42 Wohnung in HH-Hamm (Horner Weg; gutbürgerliche Wohnenklave im Industrie- und Arbeiterviertel Wandsbek), Arbeit in den »Leonar-Werken«, Fabrik für Photopapier; 1944 Durchfahrt als Soldat; ab 1947 kontinuierlich enge Beziehungen zu Hamburg; 1952 Haus in HH-Ohlstedt.

Georginen: Dahlien (benannt nach dem schwedischen Botaniker A. Dahl, 1751–89); Korbblütlergattung, Zierpflanze exotischer Herkunft (Mexiko, Guatemala); benannt nach dem russischen Botaniker J. G. Georgi (1729–1802).

Kanal: Leinpfadkanal in Hamburg. Vgl. Anm. zu *Leinpfad*, S. 32.

bis sie dich abholen?: Verhaftung durch Polizei oder Gestapo oder im Auftrag Letzterer (Geheime Staatspolizei; vgl. Anm. zu *Spitzel*, S. 56) und Einweisung in Gefängnisse und Konzentrationslager (vgl. Anm. zu *Oranienburg*, S. 52). Historischer Bezug zu Hamburg: Diskriminierung der Juden ab 1933 (»Arisierung« jüdischer Unternehmen); 28. Oktober 1938: Abtransport von Juden polnischer Staatsangehörigkeit (über 1000); 9./10. November 1938 so genannte »Reichskristallnacht«; 2. Dezember 1938: verbliebene jüdische Betriebe und Geschäfte werden enteignet; Auswanderung: 4000 (1938), rund 10000 Juden als Opfer der NS-Verfolgung; jüdischer Bevölkerungsanteil 1933: 17000, 1939: rund 10000, 1945: rund 650.

Sie werden ihren Krieg machen ... Und sie werden uns alle sterben lassen in diesem Krieg: Hinweis auf Diskriminierung und Verfolgung der Juden, die mit den »Nürnberger Gesetzen« (»Reichsbürgergesetz« und »Erste Durchführungsverordnung zum Reichsbürgergesetz« vom 14. November 1935, Reichsgesetzblatt 1935 I, S. 1333) einsetzten. – AB: Schwiegermutter Ida Hamburger (München) wird im Juni 1942 nach Theresienstadt deportiert und dort ermordet.

war Mama tot: Viele jüdische Bürger ohne Fluchtmöglichkeit oder ohne Vertrauen in den Sinn von Flucht, wie Judiths gelähmte Mutter, begingen Selbstmord, um sich der Verfolgung durch die NS-Behörden zu entziehen.

Direktor Heise: (nordd.) Kurzform zu »Heidenreich« ›über die Heiden mächtig‹; Namensemantik mit ironischer Funktion: grundsätzlich unzuverlässig, opportunistisch. Ein sich anbietender Zusammenhang zwischen der Romanfigur mit zweifelhafter Integrität (Leitfigur des Opportunismus) und der integren historischen Figur Dr. Carl Georg Heise (1890–1979) ist nicht plausibel. Heise war Barlachförderer, Kritiker der NS-Kunstpolitik, Verfolgter des Regimes (1933 Entlassung als Direktor des Museums für Kunst und Kulturgeschichte, Lübeck) und Direktor der Kunsthalle Hamburg (1945–55).

Aber es [Rerik] *war klein und leer, leer und tot unter seinen riesigen roten Türmen:* anthropomorphisierende, metaphorische Spiegelung des Angstzustandes der Jüdin Judith, der bewusst wird, dass bei ihrer Trauer um den *Gifttod* der Mutter – Verlust der Familie – und ihrer Angst auf der *Flucht* vor der *Fahndung* durch die NS-Behörden – Gefährdung des eigenen Lebens – Gesellschaft und Kirche die Hilfe versagen.

Judith Leffing: aus Gründen des Selbstschutzes Eindeutschung des verbreiteten jüdischen Nachnamens, der durch Denunziation die polizeiliche Fahndung auslösen kann; namengeschichtliches Konstrukt.

[9] *Der Junge*

havariert: beschädigt.

den dritten Grund: Vgl. Anm. zu *Man mußte raus*, S. 20.

[10] *Gregor*

Moräne: Geländeerhebung, durch einen sich vorschiebenden Gletscher aufgehäufter Schuttberg.

das Meer, eine blaue Wand: negativ besetzte ›Wand‹-Metaphorik. Vgl. Anm. zu *betete*, S. 21.

sechs Türme: massierte Ausstattung des Schauplatzes *Rerik* mit Kirchenbauten (rote Backsteingotik), der dem Kontrast von spiritueller wie gesellschaftspolitischer Ohnmacht der Kirche (überwältigende, aber leere architektonische Geste) und dominierender Terrorherrschaft des Nationalsozialismus dient; möglicher historischer Bezug: *ein Doppelturm* – St. Marien (Lübeck), Backsteinbasilika, 13.–14. Jh.; St. Nikolai (Stralsund/Rostock); *vier einzelne Türme*: Wismar: St. Georgen (dreischiffige Backsteinbasilika, 15. Jh., Ruine seit 1945); St. Nikolai (got. Basilika, 1380–1508), zweite große Pfarrkirche, eines der höchsten Kirchenschiffe Deutschlands; Ratskirche St. Marien (Backsteinbasilika, 1339 – 1. Hälfte 15. Jh.s, Ruine seit 1945), 80 m hoher Westturm, 1945 teilweise zerstört; Heilig-Geist-Spital und Kirche (13.–15. Jh.). Vgl. Anm. zu *Roman*, S. 7.

Zelle der Partei: kleine Organisationseinheit der Kommunistischen Partei. Vgl. Anm. zu *Fünfergruppensystem*, S. 25.

daß solche Türme einen Einfluß auf die Parteiarbeit hätten: Hinweis auf die rein politisch-ideologische Weltsicht der KP und die Vorausdeutung darauf, dass Ideologien grundsätzlich an der komplexen gesellschaftlichen Wirklichkeit scheitern.

Wedding: Verwaltungsbezirk Berlins; Arbeiterviertel, Hochburg der KPD (Parteiaufstände gegen Nationalsozialismus und KPD-Verbot).

Arbeiter von Siemensstadt: Industriesiedlung in Berlin-Spandau mit Fabrikanlagen der Siemens AG (elektrotechnisches Unternehmen; gegründet 1847) und Arbeitersiedlungen.

die Türme waren auch Seezeichen: Kirchtürme als Orientierung für die Küstenschifffahrt und als architektonische Zeichen für die geistige Orientierung.

Grenze des Hoheitsgebietes: Vgl. Anm. zu *jenseits des Hoheitsgebietes*, S. 16.

saßen … in den Turmluken: doppeldeutige Semantisierung: Maueröffnungen in Kirchentürmen (Schallöffnungen) und Beobachtungsausguck militärischer Wacht- oder Panzertürme. Vgl. Anm. zu *Roman*, S. 7.

sein letzter Instrukteurauftrag lautete auf Rerik: Spionageauftrag an das letzte KP-Mitglied in Rerik, der das wirklichkeitsfremde Agieren der Partei und ihrer Führungsfunktionäre zeigt, indem in dieser belanglosen Hafenstadt strategisch verwertbare Infrastruktureinrichtungen ausgeforscht werden sollen. Vgl. Anm. zu *Instrukteur*, S. 25.

Verrat: Seinen Verrat sieht Gregor darin begründet, dass er sich als Mitglied der KP seit dem doppelten Tarasovka-Erlebnis der Verpflichtung zu unbedingter Parteiergebenheit aus ethischen Erwägungen verweigerte: seelisch überwältigende Wirklichkeitserfahrung des Individuums im Kontrast zum kollektiven Gehorsam gegenüber dem Primat parteilich-militärischen Machtanspruchs und einer menschenverachtenden Ideologie (staatlich angeordnete Ermordung seiner Freundin Franziska wegen eigenständigen Denkens). – AB: Austritt aus der KP 1933 als Desertion.

Tarasovka auf der Halbinsel Krim: (ukrain.) *Tarasivka* (Ukraine), auf der Krim Kleinsiedlungen gleichen Namens. Referenz der Ortsbezeichnung: Anderschs Interesse an der historischen Erzählung *Taras Bulba* (Petersburg 1835; *Taras:* ukrainischer Vorname) des russischen Dichters N. Gogol (1809–52), eines von Andersch besonders geschätzten Schriftstellers, gestaltet die Thematik von Freiheitskampf/Unterdrückung/Desertion am Beispiel des Widerstands der ukrainischen Kosaken gegen die polnische Unterdrückung im 16./17. Jh. (historischer Stoff: Autonomie der Saporoger Kosaken 1550–1775, Aufstände unter Führung des Hetman Bogdan Chmelnizki 1648). Weiterer Bezug: Gogol und der russische Dichter Vasilij Andrejevic Zukovskij (1783–1852) sind 1838 an der Befreiung des ukrainischen Dichters Tarás (Grigorevic) Ševcenko (1814–61) aus der Leibeigenschaft beteiligt.

eines Manövertags der Roten Armee: Nach der Oktober-Revolution (1917) im Russischen Kaiserreich wurde die Armee umorganisiert und umbenannt in »Sozialistische Rote Arbeiter- und Bauernarmee« (1918), dann in »Rote Arbeiter- und Bauernarmee« (gültig bis 1946), abgekürzt *Rote Armee.*

eines golden schmelzenden Meeres: Gregors euphorische ästhetische Erfahrung von Natur und Mensch im Kontrast (Sieg des Ästhetischen und der Freiheit; ohne Fahnen) zur militärischen Benutzung von Landschaft und Bewohnern (Scheinsieg von Ideologie, Staat, Militär;

Symbol der Fahne) leitet seine Wandlung vom Apparatschik (Funktionär) zum verantwortlich handelnden Menschen ein. Die expressionistisch-lyrische Metaphorik verbindet biblische und weltliche Motive und Symbole. *Schild:* archetypische Schild-Symbolik (Schutz, Geborgenheit); jüdische Schild-Metaphorik im Alten Testament (Schutzmetapher): »Denn Gott der Herr ist Sonne und Schild; der Herr gibt Gnade und Ehre. / Er wird kein Gutes mangeln lassen den Frommen.« (Psalm 84,12); Salomos »goldenen Schilde« (Weisheit, Reichtum, 1. Kön. 10,16; 14,26); Teilsymbol der christlichen Kardinaltugend »Tapferkeit«: »Und als die Sonne aufging und auf die goldenen und ehernen Schilde schien, glänzte das ganze Gebirge davon und leuchtete, als wäre es lauter Feuer« (1. Makk. 6,39/Apokryphen); – *Gold:* »Sonne«, Erleuchtung, Weisheit, Überlegenheit; parallele Symbolik: *Fahne:* »Banner«, Symbol von Herrschaft, Nationenzugehörigkeit, Eroberung; hier im Sinne der Ideologie, dem angemaßten Anspruch militärisch-gesellschaftspolitischer Überlegenheit; Senken der Fahne: militärische Niederlage, zugleich Befreiung aus der Konfrontation.

ganz anders war diese Stadt gewesen als Rerik: Tarasovka, dem unbedeutenden Ort der Erkenntnis von inhumaner Ideologie und moralisch-ästhetischem Lebenssinn fungiert als Parallelbild zu *Rerik*, dem unbedeutenden Ort ideologisch-diktatorischer Unterdrückung und der Erkenntnis von Determination sowie Inhumanität der Ideologien und der Notwendigkeit ethischer Aktionen zur eigenen Befreiung.

Genosse Leutnant Choltschoff: zeithistorischer Verweis auf Michael Kol'cov (eigtl. Fridljand, 1898–1942), den Moskauer Journalisten und Schriftsteller. Er war Redakteur der Parteizeitung *Prawda*, Mitarbeiter satirischer Zeitschriften, Korrespondent im Spanischen Bürgerkrieg (1936–37), Mitarbeiter des Nachrichtendienstes der Roten Armee (ab 1936), Abgeordneter des Obersten Sowjets (RSFSR), prominentes Opfer der stalinistischen Säuberungen (1938, rehabilitiert 1956); linientreuer Kommunist, der sich mit Zeitungsbeiträgen national und international maßgeblich an den Kampagnen gegen Abweichler von der stalinistischen Sowjetpolitik beteiligt hat. – Namensübernahme, um durch den historischen Kontext die Borniertheit und Inhumanität von ideologisierter Geschichtssicht und Gesellschaftsentwicklung zu veranschaulichen, aber auch das für den Autor traumatische Versäumnis praktischer Beteiligung am Kampf der Linken, u. a. gültig für den Spanischen Bürgerkrieg. – Die korrespondierende Szene von dem *im mondbleich dahinwehenden Staubfahnen-Triumph der* [deutschen] *Südarmee, der geschlagenen* (Erzählung *Flucht in Etrurien*, 1981, entstanden 1949) entlarvt das Bild von der siegreichen Militäreinheit (*Kommandeur* in Siegerpose) als theoretische Leistung (Manöver) und in der Ideologie-, nicht Menschenorientierung als Niederlage.

Grigorij: russifizierter parteipolitischer Deckname Gregors. Vgl. Anm. zu *Vorlesung*, S. 38.

Tankbrigade: eigenständig kämpfender militärischer Verband, aus mehreren Panzern bestehend.

Vorlesung in der Lenin-Akademie: Die Bezeichnung des Schulungsortes, einer staatlich sowjetkommunistischen Einrichtung zur ideologischen Instruktion des Funktionärsnachwuchses aus dem In- und Ausland, markiert die privilegierte ideologisch-militärische Ausbildung des Funktionärs Grigorij (Gregor) für den Führungskader der KPD; *Lenin:* Politikername seit 1901, eigtl. Wladimir Iljitsch Uljanow (1870–1924), Jurist, russischer revolutionärer Politiker, maßgeblicher Theoretiker und Führer der sozialistischen Revolution in Russland, Leitfigur der sozialistischen Ideologie, internationalen sozialistischen Bewegung und anzustrebenden

Weltrevolution. Nach den Lehren von Karl Marx und Friedrich Engels entwickelte er die theoretischen Grundlagen des Marxismus-Leninismus (vgl. Anm. zu *dialektischen Materialismus*, S. 74); *Akademie:* (griech.-lat.) Institution wissenschaftlicher Forschung, hier Anspruch auf Wissenschaftlichkeit der Ideologie. – Die fiktive Akademie ist in Anlehnung an zwei historische Einrichtungen konstruiert worden: 1. die Militärpolitische Akademie »Lenin« (ab 1938 Moskau), gegründet 1919 (Petrograd), zuständig für die Ausbildung von parteipolitischen Fachkräften/Militärpädagogen (Inlandsbedarf); 2. die deutsche »Karl-Liebknecht-Schule« (Moskau, 1934–38), einer Kaderschule für deutsche Emigranten (KPD-Funktionäre; Auslandsbedarf); sie wurde 1938 in der Folge stalinistischer Säuberungen (*Tschistka*, vgl. Anm. S. 74) geschlossen, dann unter dem Tarnnamen »Landwirtschaftliches Technikum Nr. 101« (Kuschnarenkowo/Baschkirische ASSR, 1942–43) als geheime Komintern-Schule (*Kom*munistische *Inter*-*n*ationale: Weltorganisation Kommunistischer Parteien, 1919–43) betrieben, um ausgewählte Emigranten als Agenten und politische Kader für den Auslandseinsatz nach Kriegsende z. B. in Deutschland (DDR) auszubilden. Der Unterricht umfasste eine marxistisch-leninistische Fachausbildung und militärisches Training. Während der Ausbildungszeit wurden die Namen geändert. (Lit. s. W. Leonhard 1955, S. 190–267; C. Tischler 1996)

Jugendverband: Die kommunistischen Jugendorganisationen waren relativ unabhängig von der KPD.

organisatorischen Verdienste in Berlin: Gemeint ist die erfolgreiche Mitarbeit innerhalb der KPD.

Es wäre besser … gesiegt haben: Gregor vermutet, dass die siegreiche Durchsetzung von revolutionären gesellschaftspolitischen Zielen, hier die Umwandlung der russischen Gesellschaft in die sozialistische der UdSSR mit dem Fernziel der kommunistischen, regelhaft einmündet in eine Verblendung der Herrschenden durch die absolut gesetzte Ideologie, die Arroganz der Macht, die Unterdrückung des Volkes und Entmündigung des Individuums.

Was hatte er aus Moskau mitgebracht?: Die weltanschauliche Bilanz führt zur Erkenntnis, dass die ideologischen Unterweisungen (Marxismus-Leninismus) und der davon abgeleitete gesellschaftspolitische Auftrag für die sozialistische Revolution in sozialer und historisch-politischer Hinsicht negativ sind. Gregor begreift sich als moralisch korrumpiert und feige. Von einer verblendet idealistischen Suche nach humaner Lebenskonzeption und Gesellschaftsordnung ist ihm lediglich die parteipolitisch erzwungene Pseudonymisierung seines eigentlichen Namens geblieben. Vgl. Anm. zu *Vorlesung*, S. 38, zu *dialektischen Materialismus*, S. 74.

Während er in Moskau … die Anderen in Berlin gesiegt: abschätzige Reflexion über den Widerspruch von ideologisch- theoretischer Schulung der Mitglieder kommunistischer Parteien an Parteihochschulen in Moskau und die gleichzeitige Machtübernahme durch die Nationalsozialisten und Verfolgung der Kommunisten in Deutschland seit 1933. Vgl. Anm. zu *Als die Anderen*, S. 41.

[11] *Der Junge*

nach Kopenhagen rüber oder Malmö: K., Hauptstadt Dänemarks; *M.*, schwedische Hafen- und Industriestadt; Ende der 1930er Jahre Verbindung zwischen beiden Städten durch Eisenbahn- und Personenfähre; topographische Bezeichnungen als Teil kindlicher Ziel- und Entfernungsvorstellungen (über 200 km nordwestlich von Rerik), zugleich indirekter Hinweis auf die kürzeste Verbindung zw. Dänemark und dem neutralen Schweden, die während der Kriegsjahre und der Besetzung

Dänemarks durch die Deutsche Wehrmacht (1940–45) für die Flucht von verfolgten Juden, Kommunisten, Sozialdemokraten aus dem Herrschaftsgebiet des NS-Regimes genutzt wurde. In K. war das so genannte »Mateotti-Komitee«, eine Anlaufstelle für geflohene Sozialdemokraten. Im Grenzraum um Flensburg gab es geheime Treffpunkte, von denen aus politisch gefährdete Personen mit Hilfe von ortskundigen Schleusern auch über See nach Dänemark gebracht wurden.

nölen: (nordd.) jammern.

ich habe die See zwischen Rerik und Fehmarn und Falster und östlich bis zum Darß und rüber nach Moen im Kopf: Falster, dänische Insel nördlich von Rerik, östlich der dänischen Insel Lolland; *Darß*, Halbinsel an der mecklenburgisch-vorpommerschen Boddenküste; *Moen*, kleine dänische Insel, nordöstlich von Falster.

Wohin? Ach, dachte er, irgendwohin: Wiederholung von Kafkas ›Aufbruch‹-Motiv: »Weg-von-hier«. Vgl. Anm. zu *Auf dem Mississippi*, S. 13.

[12] *Helander – Knudsen*

Takelwerk: Takelung, Takelage; die Gesamtheit von Masten, Segeln und anderen Einrichtungen eines Segelschiffes.

Herr Pfarrer. Der Pfaffe: niederer Geistlicher, Kleriker; seit Martin Luther (Reformation) mit abschätziger Bedeutung.

als die Anderen ans Ruder gekommen waren, vor vier Jahren: saloppe Redewendung für ›an die Macht kommen‹. Die Nationalsozialisten unter Führung Hitlers setzten 1933 mit Zustimmung weiterer national-konservativer und bürgerlicher Parteien im Reichstag das »Gesetz zur Behebung der Not von Volk und Reich« (»Ermächtigungsgesetz«) durch, mit dem wesentliche Prinzipien der Demokratie außer Kraft gesetzt wurden und

Ernst Barlach, *Lesender Klosterschüler*
(Holzskulptur, 1930)

die Willkürherrschaft der Nationalsozialisten ermöglicht wurde. – Der Zeithinweis bestätigt den historischen Bezug für die erzählte Zeit 1937. Vgl. Anm. zu *1937*, S. 27.

Sie roter Hund: (ugs.) Schimpfwort gegenüber Kommunisten (Parteifarbe: rot).

Verdun-Bein eines Tages nichts mehr nützen: Verdun, französische Stadt an der Maas; im Ersten Weltkrieg zwischen deutschen und französischen Truppen verlustreiche Schlacht um Verdun (Febr.–Dez. 1916; rund 700 000 Gefallene). Anspielung darauf, dass auch opferbereiter Patriotismus deutsche Staatsbürger, die dem Nationalsozialismus missliebig erscheinen, vor Verfolgung und Inhaftierung nicht schützt.

Skillinge: skandinavisch klingende, nicht verifizierbare Ortsbezeichnung.

Nach Schweden?: In den Überlegungen der Personen figuriert Schweden als Land der Zuflucht und als positives Gegenbild zu Deutschland.

Propst: in der evangelischen Landeskirche Leiter eines unteren kirchlichen Aufsichtsbezirks (Propstei).

Nur eine kleine Figur … Eine kleine Holzfigur aus der Kirche … der ›Lesende Klosterschüler‹: Gemeint ist der *Lesende Klosterschüler* (1930), Holzskulptur von Ernst Barlach (Wedel/Holstein 1870 – Rostock 1938; vgl. Anm. zu *Figur*, S. 50). Die Verwendung des Motivs wurde angeblich angeregt durch eine Zeitungsnotiz der 1950er Jahre (s. Reinhardt 1990, S. 238), wonach der Zigarettenfabrikant H. F. Reemtsma Barlach-Plastiken aufgekauft und vor der Zerstörung gerettet habe. Erste Bearbeitung durch Andersch, *Fräulein Christine* (Erzählung, 1945; s. Wehdeking 1971, S. 201–203). *Textfunktion*: Die Mönchskulptur, dominierendes Leitmotiv (sog. ›Falke‹), ist Kontrastsymbol zur ›Fahne‹, Schlüssel- und Korrespondenzfigur zum Jungen, wichtigstes Objekt des Figurenhandelns und zentrales Symbol. Sie verkörpert das Prinzip von Freiheit im Aufbruch zu kritischer Reflexion der Personen über sich selbst und über die Welt, mit der Konsequenz engagierten Handelns. Der erzählte Vorgang demonstriert, wie der Umgang von Menschen mit Kunst als ästhetisches Mittel beides, Unfreiheit und Blindheit, in einem Akt der Bewusstmachung und Katharsis (Reinigung) in die Freiheit des Sehens und Handelns überträgt. *Entstehungs- und Werkgeschichte:* Auftragsarbeit des Industriellen Richard van Tongel (1872–1940), rund 20 Jahre Entwicklung in Zeichnungen, u. a. *Verzweifelter Diskurs* (Kohlezeichnung, 1916), *Wem Zeit wie Ewigkeit* (Lithographie, 1916; Zeichnung, 1926), *Lesender Mönch* (Kohlezeichnung, um 1930), *Der Buchleser* (Gipsplastik, 1935), *Lesende Mönche* (Bronzeplastik, 1932), *Lesender Klosterschüler* (Werkliste Schult, Nr. 367; Holzplastik, 1930 / Güstrow): Holzplastik, 115 cm hoch; Vorbild: gotische Plastik eines lesenden Jüngers der mittelalterlichen Aposteldarstellung des Johannes (um 1430, Ölberggruppe; Benediktiner Nonnenkloster Dobbertin); 1933 durch den evangelischen Kunst-Dienst (Katalog *Modern Ecclestiacal Art*) zur Weltausstellung »Ein Jahrhundert des Fortschritts« (Chicago), »Hall of Religion«, neue deutsche Kirchenkunst u. a. Barlachs *Der Sänger*, *Die Andacht* (*Lesender Klosterschüler*); 1934 Ausstellung *Lesende Mönche III* (1932, Biennale Venedig); 1936 Ausstellung »Kirchliche Kunst«, veranstaltet vom evangelischen Kunst-Dienst (Berlin); 1936 Ausstellung in der Preußischen Akademie der Künste, keine Präsentation: »Zurückgezogen« (Katalog); 1937 Ausstellung in der Galerie Buchholz mit Werken von Barlach, nach wenigen Tagen geschlossen; Berliner Rembrandt-Verlag, Postkarten der Kunst: bis Mitte 30er Jahre: *Lesender Klosterschüler* (Nr. 41), *Lesende Mönche III* (Nr. 37); 1998 Ausstellungen in Polen, Finnland und Dänemark im Rahmen der Kulturinitiative »Ars Baltica«.

seinen Götzen retten: seit Luther im Sinne von ›falscher Gott‹, Abgott.

magaziniert: Magazin: Lagerraum; Fachbegriff der NS-Behörden für die Konfiszierung von Kunstgegenständen, die kunstpolitisch als ›unerwünscht‹ eingestuft waren.

einzuwecken: einzukochen, in einem Einmach- oder Weckglas aufzubewahren.

Auf der Liste … gezeigt werden sollen: so genannte »entartete Kunst« (»Verfallskunst«), verunglimpfende Bezeichnung der Nationalsozialisten für die moderne Kunst, die unter angeblich »jüdisch-bolschewistischen« Einflüssen als »ungesund« verstanden wurde, weil sie nicht der völkisch-rassistischen »Blut-und-Boden-Ideologie« entsprach. Die beschlagnahmten Werke wurden in der Ausstellung »Entartete Kunst« in München (1937) und anderswo vorgestellt, Teile davon in der Galerie Fischer (Luzern, 1938) versteigert, aber auch öffentlich verbrannt (Berlin 1939). An die betroffenen Künstler ergingen unterschiedlich konsequente Arbeits- und Ausstellungsverbote, auch an Ernst Barlach. Vgl. Anm. zu *von einem Bildhauer erworben*, S. 45.

Folgen, vor denen ›wir‹ Sie dann nicht mehr schützen können: scheinheiliges ›Schutzangebot‹ als versteckte Drohung.

Vierung: in kreuzförmigen Kirchenbauten derjenige Raum, der sich aus Langhaus und Querhaus ergibt, mit den Vierungspfeilern an den Ecken.

von einem Bildhauer erworben, dem kurz darauf die Anderen verboten hatten, sein Handwerk auszuüben: Auf Grund einer Vollmacht Adolf Hitlers vom 30. Juni 1937 wurden 17000 Kunstwerke sichergestellt und ›magaziniert‹, darunter rund 400 Figuren, Zeichnungen, Lithographien und Holzschnitte von Barlach. Trotz Protektion auch durch Parteigrößen (u. a. Joseph Goebbels) wurde seit 1933 Barlachs öffentliche Wirksamkeit und künstlerische Arbeit vernichtet. Vgl. Anm. zu *Nur eine kleine Figur*, S. 43.

Amtsbruder von der Nicolai-Kirche … von der Marienkirche …; der gehörte zu den Anderen: Nicolai-Kirche, Kirche in Rostock/Stralsund; *Marienkirche*, Kirche in Rostock und St. Marien in Lübeck (Doppeltürme; vgl. Anm. zu *Rostock*, S. 25). Hinweis auf die Uneinigkeit der Kirche gegenüber dem NS-Regime: so genannter »Kirchenkampf« seit 1933 innerhalb der evangelischen Kirche um die Freiheit und das Verhältnis zum NS-Totalitätsanspruch. »Deutsche Christen« (1933, NS-Kirchenpartei), »Bekennende Kirche« (1934, Oppositionsbewegung/Gegenkirche mit zwei Positionen, erstens dem bruderrätlichen Flügel – radikale Ablehnung jeglicher Vereinbarungen mit dem NS-Staat –, zweitens dem bischöflichen Flügel – Bereitschaft zu Konzessionen gegenüber dem NS-Staat).

Der ›Klosterschüler‹ ist nicht modern, er ist uralt: Differenzierung zwischen der Entstehungszeit des Kunstwerks, seiner Form und der vermittelten zeitlosen Idee vom freien Menschen.

So heilig wie für Sie ein Bild von Lenin: erzählerische Kontrastierung von atheistischer Einstellung und theologischem Verständnis. Lenin begriff die Religion als ein Strategieelement der kapitalistischen Ausbeuterklasse, um die Ausgebeuteten von sich abhängig zu halten. Der Atheismus war bis in die 1980er Jahre fester Bestandteil der sozialistischen Ideologie. Anstelle christlicher Persönlichkeiten versuchte man politisch die sozialistische Revolution durch einen sakralisierenden Personenkult als Religionsersatz zu realisieren.

ein mennigroter … Fleck: Mennige: Bleiverbindung; rote Rostschutzfarbe für den Schiffsanstrich.

[13] *Der Junge*

das Boot klar ist: fertig zum Auslaufen in See.

[14] *Judith*

Baedeker: stellvertretend für ›Reiseführer‹, benannt nach dem Gründer und Inhaber des Reisehandbuchverlags Karl Baedeker (gegr. 1827).

Dorschsaison: (lat.-frz.) Hauptfangzeit des Dorsches ist März bis Oktober. Vgl. Anm. zu *muß ich auf den Dorsch*, S. 26.

kleine Pötte: (nordd., ugs.) *Pott* ›Topf‹; im übertragenen Sinn für Schiff.

räsonieren: (lat.-frz.) *Räson* ›Vernunft, Einsicht‹; vernünftig reden.

Klüterkram: (nordd.) *Klut* ›Kloß‹; im Sinne von Kleinkram, wirtschaftlich unerheblich.

Ja, Rostock! Und Stettin! Da tun sie alles für: Stettin, Hafenstadt östlich von Rostock in der Odermündung; im Zuge der politisch-wirtschaftlichen Umorganisation Deutschlands unter den Nationalsozialisten und dem ideologischen Verständnis der Ostsee als »germanischem Binnenmeer« verstärkter Ausbau der deutschen Ostseehäfen in den 1930er Jahren.

Chinese: Motivbezug zum Roman *Effi Briest* (1895) von Th. Fontane (1819–98), 8. und 9. Kapitel: ›Chinesen‹-Motiv, dort wie hier negativ besetzt durch Assoziation mit Ferne, Unvertrautheit, Fremdheit, Bedrohung, Einsamkeit der Effi Briest bzw. Judith Levin.

Ich kann den Paß nicht zeigen, sonst bin ich geliefert: Der Pass identifiziert sie durch den roten »J«-Stempel (»Jude«; ab 1938) und den verheimlichten jüdischen Nachnamen *Levin* als Jüdin auf der Flucht. Vgl. Anm. zu *ein Paß*, S. 60.

Die blaue Flagge mit dem gelben Kreuz hing schlapp am Heck: Nationalflagge des Königreichs Schweden; *schlapp*, negative Vorausdeutung.

[15] *Der Junge*

im Januar werd ich sechzehn: Der Junge befindet sich im 15. Lebensjahr, im Alter der psychisch schwierigen Entwicklungsphase zwischen Kind und Erwachsenem (Pubertät; gesetzliche Volljährigkeit mit 18 Jahren).

zwei Jahre zur Marine eingezogen: Ableistung der Wehrpflicht bei der Deutschen Kriegsmarine (Wiedereinführung der allgemeinen Wehrpflicht für Männer vom 18.–45. Lebensjahr: Wehrgesetz vom 21. Mai 1935; Übergang vom Freiwilligenheer zum Wehrpflichtheer am 1. November 1935 (Dienstzeit ein Jahr; ab 24. August 1936 auf zwei Jahre ausgedehnt).

Leichtmatrose: Seemann der Handelsmarine im dritten Lehrjahr; Dienstgradfolge: Schiffsjunge, Jungmann, *L.*, Matrose.

[16] *Gregor*

Dabei war der Platz keine Bühne. Es war eine Tenne. Es war schon lange auf ihm kein Korn mehr gedroschen worden: Die Unterscheidung zwischen *Bühne* und *Tenne* als Bezeichnung und Funktionsumschreibung für den *Platz* vor der Kirche verweist darauf, dass er nicht im Sinne eines Theaterraumes für die Aufführung gesellschaftlicher Konflikte zu verstehen ist, wie es in diesem Moment zu sein scheint. Mit dem Wort *T.* wird auf die eigentliche symbolische Funktion angespielt, die sich aus der Verbindung von Nahrungsgewinnung für den Körper mit der Überlieferung eines christlichen Verständnisses für die Nahrung der Seele ergibt: Dreschplatz (*Scheune*, Kap. [16]), in der christlichen Symboltradition geweihter Ort für die Gewinnung des

Leben spendenden Korns, Bestandteil des Symbolkomplexes von ›Nahrung des Leibes und der Seele‹ und des ›heiligen Abendmahls‹ als den zwei Seiten des Wesens von Christus (Joh. 6,35; Luk. 22,19). – Danach ist dieser Kirchenplatz Sinnbild der Öffentlichkeit, in der man sich im Geiste Gottes versammelt, was aber nach der NS-staatlichen Unterdrückung des freien Kirchenlebens aus Furcht vor Verfolgung nicht mehr geschieht. Vgl. Anm. zu *Amtsbruder*, S. 46.

Küster: (lat.) *custos* ›Wächter, Kirchner‹; kirchlicher Angestellter für die Aufsicht über das Kirchengebäude und die äußere Organisation des Gottesdienstes.

Sakristei: (lat.) *sacer* ›heilig‹; Nebenraum in der Kirche für den Geistlichen und die gottesdienstlichen Geräte.

Hochaltar: im Unterschied zu den Seiten- und Nebenaltären durch den zentralen Aufstellungsort und die besondere Ausgestaltung ausgezeichneter Hauptaltar.

weißer, lebendiger Mantel: Mantel, Symbol des Schutzes, hier bezogen auf die so genannte »Schutzmantelmadonna« in der christlichen Kunst des Mittelalters; Motiv von Maria, Gottvater, Christus und den Heiligen, die mit ausgebreitetem Mantel die Gläubigen schützen; das Bild hat seinen Ursprung im alten deutschen Rechtsbrauch der Schutzfunktion, die die Mäntel bedeutender Personen für Verfolgte hatten.

eine verwitterte goldene Fahne: Wiederaufnahme des negativ besetzten Führer-/Fahnen-Motivs (vgl. Anm. zu *eines golden schmelzenden Meeres*, S. 36); historisch möglicher Bezug: 1. *Fahne*; St. Marien-Kirche Wismar: König Gustav II. Adolfs von Schweden (vgl. Anm. zu *mit dem reisigen König*, S. 23) Statthalter Carl Gustav Wrangel stellt für seinen Vetter, den Generalmajor Helmuth Wrangel, 1647 ein Grabdenkmal auf (nach Zerstörung der Kirche in der Nikolaikirche untergebracht); 2. St. Georgsfigur in der Wismarer St. Georgenkirche, die eine Fahne hält.

ohne einen Auftrag leben?: existentielle Notsituation: Verbindung von äußerer Angst (NS-Verfolgung, KP-Strafe) und innerer Angst (Fehlen von Lebenskonzept/Identität).

Schiffsmodell ... Dreimastbark: Bark, Dreimastsegler; historischer Bezug: Schiffsmodell einer Fregatte (um 1750; Kriegsschiff mit 30 Geschützen) mit einer vermutlich Bremer Flagge am Heck im südlichen Seitenschiff der Wismarer Georgenkirche; wahrscheinlich am 15. April 1945 während eines Luftangriffs verbrannt.

die Segel gerefft: reffen, die Segelflächen bei starkem Wind durch Aufrollen und Zusammenschnüren verkleinern.

Tücher der Freiheit: Tuch, Seemannssprache für ›Segel‹; Projektion des Freiheitsbedürfnisses in eine Vision des Aufbruchs, die traditionelle Schiffsmetaphorik/-symbolik (Sinnbild der Reise, der Lebensfahrt) literarisch aufgreifend.

desertieren: fahnenflüchtig werden, zur Gegenseite überlaufen. – AB: Desertion; zentrales Prinzip in Anderschs Leben einer ideologiefreien, humanen Existenz und Leitmotiv seiner Romane und Schriften.

Figur: verallgemeinernde Benennung des *Lesenden Klosterschülers*, weil Gregors Auseinandersetzung mit ihr von allgemeiner Bedeutung ist. Seine Beobachtungen an der *Figur* (Allegorisierung des Lesers/Lesens) und die Reflexionen darüber sowie seine Erkenntnisse sind grundsätzlicher Diskurs zum Vorgang und Sinn des Lesens. Zentrale Frage ist die nach der Orientierung desjenigen, der, *Achtzehn, höchstens achtzehn* (Volljährigkeit) Jahre alt, die Eigenverantwortlichkeit des Erwachsenenlebens für die Lebensgestaltung begreifen muß. In der Kontrastierung mit dem Lesen im Kollektiv des *Wir*, distanzlos versunken in dieselben Texte, *auf die es* aus ideologisch vorgeschriebenen Schulungszielen *ankommt*, begreift Gregor den Irrtum, daß *er*, die Figur, nicht *wir* ist, sondern *ganz anders war*; denn *er* liest als Mönch und Individuum die Heilige Schrift *aufmerk-*

sam, *genau*, konzentriert, *kritisch*; er liest sie nicht unkritisch wie ein Parteifunktionär seine parteitheoretischen Schriften. Sein Erkennen von innerer und äußerer Freiheit resultiert in dem Schluß: *Ich habe einen gesehen, der ohne Auftrag lebt.* Vgl. Anm. zu *Nur eine kleine Figur*, S. 43.

Papirossi: (russ.) Sg. *Papirossa*, Pl. *-ossy*, Zigaretten mit langem Hohlmundstück aus Pappe.

wir haben den Glockenturm Iwan Weliki vor dem Fenster nicht gesehen: der G. (Kolokol Iwan Weliki) ist Teil des Kirchenensembles auf dem Katharinenplatz im Moskauer Kreml, des geistlichen und weltlichen Zentrums Russlands. Es wurde vom Großfürsten Iwan III. Wassiljewitsch (gen. der Große; 1440–1505) erbaut, auf eine Höhe von 81 m vergrößert und mit goldener Kuppel versehen durch Zar Boris Godunow (um 1552–1605). Die danebenstehende Glockenwand diente als Signalgeber bei wichtigen staatlichen Anlässen. – Hier als Hinweis auf die Konzentration bei der ideologischen Schulung und die Vernachlässigung von Wirklichkeit und Geschichte gemeint.

[17] *Der Junge*

Kaisers Geburtstag: Kaiser Wilhelm II. (reg. 1888–1918), Deutscher Kaiser und König von Preußen; sein Geburtstag am 27. Januar war während der Regierungszeit staatlicher Feiertag.

[18] *Knudsen – Gregor*

Erkennungszeichen: um den ungefährdeten Umgang der anonymen Parteimitglieder in der Illegalität zu ermöglichen.

ZK: Abkürzung für Zentralkomitee. Vgl. Anm. zu *Instrukteur*, S 25, zu *Anweisungen*, S. 30.

die Partei das Alte: Hinweis auf lebenslange Bindung der Parteimitglieder an die Partei.
Joppe: (ital.) *giuppa*; dreiviertellange Jacke für Männer.
phosphoreszierende Kugeln: (griech.-lat.) Phosphor ›lichttragend‹; chemischer Grundstoff, Nichtmetall, Leuchtmasse; *phosphoreszierend*, nach vorheriger Lichteinwirkung nachstrahlend; hier im Sinne von ›durchdringend‹.
Murks: (nhd.) Brocken; (ugs.) schlechte Arbeit.
Verbindungen mit dem Ausland: Gemeint sind personelle und nachrichtliche Verbindungen mit der Parteiorganisation in anderen Staaten.
Oranienburg: Kleinstadt in der Nähe von Potsdam an der Havel und am Oder-Havel-Kanal. Die Nationalsozialisten richteten hier 1933 am »Tag von Potsdam« (Festakt in der Garnisonkirche mit dem am 5. März 1933 gewählten Deutschen Reichstag) eines der ersten Konzentrationslager ein (1933–34). Die rund 3000 Häftlinge setzten sich vor allem aus KPD- und SPD-Mitgliedern zusammen; Konzentrationslager (KZ): Die Verordnung des Reichspräsidenten zum »Schutz von Volk und Staat« (15. Februar 1933) wurde als »Rechtsgrundlage« verstanden, um KZ als Mittel des Staatsterrors einzurichten und damit das Grundrecht auf persönliche Freiheit außer Kraft zu setzen. 1933–45 entstanden 22 Hauptlager und 1202 Außenlager (ab 1934: SS-Kontrolle »Inspektion der KZ«), in denen politische Gegner und diskriminierte Minderheiten (z. B. Juden, Sinti und Roma) inhaftiert, dann zunehmend als Arbeitskräfte der Kriegswirtschaft (organisatorische Eingliederung in das SS-Wirtschafts-Verwaltungshauptamt) zur Verfügung gestellt wurden. Von 1941 an erfolgte die massenhafte Tötung von Juden, Sinti und Roma wie auch von Kriegsgefangenen und politischen Gegnern in so genannten »Vernichtungslagern«.
Parteikurier: Bote, der wichtige Informationen z. B. der

Parteiführung den Mitgliedern überbringt und Teil der Vernetzung einer Parteiorganisation ist.

kneifen: (studentensprachl.) bei der »Mensur« (Fechten) den Kopf einziehen; sich drücken, Angst haben.

türmen: (ugs., Gaunersprache) weglaufen, ausreißen.

Paulsen: Paulsohn ›Sohn des Paul‹, holsteinisch-friesische Nachnamenableitung vom Vornamen Paul; (lat.) *Paulus* ›der Kleine‹ (vgl. Anm. zu *Knudsen*, S. 24); christliche Namensemantik im Zusammenhang mit der Kirche (vgl. Anm. zu *Küster*, S. 49, zu ›*Pauline*‹, S. 24).

[19] *Der Junge*

Heuer: (seemannssprachl.) Löhnung der Schiffsmannschaft, Anheuerungsvertrag.

langweilig – Grund eins: Vgl. Anm. zu *Man mußte raus*, S. 20.

[20] *Helander – Knudsen – Gregor*

Heinrich Knudsen: Vgl. Anm. zu *Knudsen*, S. 24.

Ich habe zu viel Zucker im Blut, als daß die Wunde dann noch heilen könnte: Hinweis auf die Stoffwechselkrankheit Diabetes, verursacht durch einen Mangel an Insulin, einem Hormon der Langerhansschen Inseln (Bauchspeicheldrüse); ein erhöhter Blutzuckerspiegel stört die Blutgerinnung, verzögert oder verhindert die Heilung von Wunden. Insulin steht seit 1921 als Präparat gegen Zuckerkrankheit zur Verfügung.

Stabsarzt: Sanitätsoffizier im Hauptmannsrang.

Doktor Frerking: abgeleitet von Friederichs und (nordd.) *Fre(d)rich(s)/Frerichs*; (ahd.) *fridu* ›Schutz, Friede‹ + (germ.) **rik* ›Herrscher‹, (ahd.) *rihhi* ›Herrschaft‹; Namenwahl auf die Figurenfunktion des Helfenden ausgerichtet.

schwarzem Brand: (med.) Gangrän; Gewebeveränderung bei lokalem Absterben von Körperteilen (Gliedmaßen).

Die große rote Wand ohne Inschrift: Vgl. Anm. zu *betete*, S. 21, zu *die Tafel*, S. 23.

Wir sind keine Wechsler und Händler: direkter Vergleich mit der biblischen Episode (Mt. 21,12–13), in der Jesus »alle Verkäufer und Käufer« aus dem Tempel trieb mit der Begründung, »›Mein Haus soll ein Bethaus heißen; ihr aber habt eine Mördergrube daraus gemacht.‹«

Ich habe keinen Namen: komplexes Identitätsproblem. Vgl. Anm. zu *Grigorij*, S. 38, zu *Vorlesung*, S. 38, zu *Was hatte er aus Moskau*, S. 40.

diffusen Licht: verschwommenen Licht.

Ist Gott denn ein Götze: Anspielung auf das Gottesverständnis des Theologen Karl Barth. Vgl. Anm. zu *Wie hatte er sich*, S. 67.

Taktik: ursprünglich praktisches Verhalten von Truppenführung und Truppe auf dem Kampffeld; hier: geschickte, den Parteiauftrag zweckmäßig umdeutende Argumentation.

Wenn wir rechtzeitig geschossen hätten: Anspielung auf das organisatorisch-militärische Versagen der KPD im Zusammenhang mit der Machtergreifung durch die Nationalsozialisten 1933.

Fisimatenten: Spielchen, unergiebige Aktionen.

ein kleines Drama aus Angst, aus Depression, aus Zersetzung: im Vergleich zum wesentlichen Auftrag, den *Lesenden Klosterschüler* zu retten, kleinlicher Streit der beiden ideologisch untreuen KP-Mitglieder über ihre Angst vor Bestrafung durch die Partei und die Enttäuschung angesichts eigener gesellschaftspolitischer Resignation und zugelassener Schädigung von Parteiapparat und revolutionären Zielen.

›Pauline‹: Die Namenverwendung stellt den Zusammenhang her zwischen dem Wandel des Christenverfolgers Saulus zum Jünger Jesu (»Damaskuserlebnis«), dem

Apostel Paulus, sowie dessen Missionsreisen und dem Gesinnungswandel der Kommunisten Knudsen und Gregor, der Fahrt des Fischkutters und der Rettung des *Lesenden Klosterschülers*. Vgl. Anm. zu *Knudsen*, S. 24, zu *Paulsen*, S. 53.

Es ist Parteibefehl: Gregor nutzt zur Durchsetzung der Aktion den von Parteimitgliedern verlangten kollektiven Parteigehorsam.

Seine Frau ist ein wenig geisteskrank: Vgl. Anm. zu *was sie mit den Geisteskranken machten*, S. 26.

Mitternacht: wie *Mittag* zeitlicher Wendepunkt mit traditionell besonderer Bedeutung; in der Literatur Zeit des Geheimnisvollen, der Verschwörung und Entscheidung. Vgl. Anm. zu *Die Aktion*, S. 64.

[21] *Der Junge*

Schoten: (nordd.) Sg. die *Schot*; Leine zur Segelbedienung.

mulmig: (ugs.) bedenklich, gefährlich.

unter Land: in Küstennähe.

Windstärke 9 … Windstärke 7: Werte auf der Windskala von 0 bis 12 nach Beaufort: 9 = Sturm; 7 = steifer Wind.

[22] *Judith – Gregor – Knudsen*

Jugendverband in Berlin, in Moskau: Vgl. Anm. zu *Gregor*, S. 13, zu *Jugendverband*, S. 39.

›Kristina – Kalmar‹: Kr., schwedische Form des Vornamens Christine, Christiane, abgeleitet von (griech.-lat.) *Christian* ›Christ, zu Christus gehörend‹; *Ka.*, Industrie-/Hafenstadt in Südschweden, gegenüber der Insel Öland; auffällige Alliteration und positive Semantik des Ortsnamens: die stille Stadt (frz. *calme* ›Windstille‹).

Topplaternen: weiße Lampen am obersten Ende der Schiffsmasten, nach vorne leuchtend.

die Taue des Besanschots: Leinenvorrichtung zur Segeleinstellung; *Besan*, bei mehrmastigen Schiffen das längsschiff stehende Segel des hinteren Mastes.

Großschot: Leinenvorrichtung zur Einstellung des Großsegels.

Nocks: (niederld.) Ende des horizontalen Baumes (Rundholz) der unteren Segelbefestigung, woran die Schot befestigt ist.

Nummer drei: Dreizahl, semantisch positiv besetzt; symbolisiert in der ›Vielfalt‹ die ›Gewissheit‹ und das ›Wachstum‹ als nach vorn gerichtete Bewegung, die die Dualität überwindet. Sie vertritt das Prinzip der ›Synthese‹ als Zahl des ›Ganzen‹ und ›Mittelpunkt des Gleichgewichts‹, das sich ergibt aus Anfang, Mitte und Ende, Himmel, Erde und Wasser, Seele, Körper und Geist, Geburt, Leben und Tod, Vater, Mutter und Sohn, Vergangenheit, Gegenwart und Zukunft u. a. (Perversion der Dreizahl-Symbolik: vgl. Anm. zu *drei, drei, neun*, S. 68).

Ich kann wählen … sie sind Ausgestoßene: Der Hinweis bezieht sich auf zwei Figuren, die Jüdin Judith und den *Lesenden Klosterschüler* im Zusammenhang mit der gesellschaftspolitischen, rechtlichen und sozialen Isolierung der Juden und der ideologisch begründeten kunstpolitischen Verfemung der modernen Kunstentwicklung.

Gangway: bewegliche Treppe oder Laufgang, über die Schiffspassagiere ein- und aussteigen.

Spitzel der Geheimen Staatspolizei: Spitzel, Aushorcher, Spion; politische Polizei (abgekürzt »Gestapo«), während der NS-Herrschaft (1933–45) mit der Kontrolle und Bekämpfung so genannter »staatsgefährdender Aktivitäten« auf dem deutschen Staatsgebiet betraut. Über dieses rechtlich unumschränkt einsetzbare innenpolitische Instrument des Staates wurden politische Gegner, auch Angehörige aus Staats- und Parteieinrichtungen, bei Verdacht beobachtet, verfolgt, inhaftiert, gefoltert und ins KZ eingewiesen.

Achtgroschenjungen: Polizeispitzel, Strichjunge; im späten 18. Jh. zahlte die Berliner Polizei Jugendlichen acht Groschen für eine Anzeige. Zeitgenössisches Bild: sich wie ein Strichjunge auf Bahnhöfen herumtreiben und gegen wenig Geld Handlangerdienste (Gepäckträger, Austräger, Strichjunge) anbieten. Herumstreunende Arbeitslose wurden in der NS-Zeit als »Drückeberger« diskriminiert und als »arbeitsscheues Gesindel« bestraft.

gefälschte Papiere in der Tasche: In der Illegalität hatten aktive KP-Funktionäre für den Fall einer Personenkontrolle oder der Flucht ins Ausland gefälschte Ausweispapiere bei sich.

Es gab im Emsland ein paar Übergänge: Handels-/Hafenstadt an der holländischen Grenze mit langer SPD/KPD-Tradition (Mehrheit bei den Wahlen am 5. März 1933). 1933 erfolgte die Schließung des dortigen KPD-Büros, ab 1934 die Verhaftung und Anklage führender KPD-Mitglieder. Auch nach dem Ende des organisierten Widerstands 1937 gab es illegale Parteiarbeit, antifaschistische Aktionen und Fluchthilfe für bedrohte Kommunisten, Gewerkschafter und Sozialdemokraten in Zusammenarbeit mit holländischen sozialdemokratischen Organisationen, besonders der »Arbeiter-Joegst-Centrale«.

Heises Ratschläge: Zu diesem Zeitpunkt hat Judith noch nicht die Verlogenheit der Gesellschaftskreise durchschaut, aus denen sie und Heise als Freund der Familie stammen.

Mutlos blickte sie auf die Fahne: Kontrastierung von schwedischer Nationalfahne (Freiheit) und deutscher Hakenkreuzfahne (Unfreiheit) mit metaphorisierter Farbsymbolik: *blutigrot*, *kalkweiß*, *schattenschwarz*.

wie sich ein Netz von Beziehungen anspann … Aber nur einer konnte das Netz auswerfen: Knudsen: Anspielung auf die christliche Metapher vom »Menschenfischer« und die damit verbundene Bildlichkeit (Mk. 1,16–17).

Stahltrosse, Ankertrosse: Trosse, starkes Seil, Tau, gedreht aus Draht oder Hanf.

Ankerspill: das *A.*, hand- oder motorbetriebene Winde zum Ankerlichten (-hochziehen).

Schleppnetz: sackförmiges Netz, von einem Fischkutter geschleppt.

Kröger: (nordd.) Bezeichnung für Pächter oder Besitzer eines Dorfkruges; hier Hinweis auf Kaufmannsmentalität.

verpfeifen: (gaunersprachl.) verraten.

[23] *Der Junge*

im Hafenamt klarieren lassen: abfertigen von Schiffs- und Ladepapieren durch die Hafen- und Zollbehörde.

Deckswache: Wache auf dem Oberdeck während der Liegezeit im Hafen.

[24] *Judith*

ein Bild des Führers der Anderen: Nach den für die Nationalsozialistische Deutsche Arbeiterpartei (NSDAP; gegründet 1919 als DAP; ab 1920 NSDAP) günstigen parlamentarischen Verhältnissen erfolgte durch den Reichspräsidenten Hindenburg die Ernennung Adolf Hitlers (1889–1945) am 30. Januar 1933 zum Reichskanzler (»Machtergreifung«). Nach dem Tod Hindenburgs (1934) ernannte sich Hitler am 2. August 1934 als »Führer und Reichskanzler« zum Staatsoberhaupt (Partei-, Regierungs-, Staatschef) und etablierte die NS-Diktatur, orientiert an ideologischen Prinzipien von Rasse, Macht und Lebensraumanspruch.

ein Guinnessplakat in einer Kneipe in Hull oder ein Bild der Königin im Hafenamt von Delfzijl: Guinness, dunkle englische Biersorte; *H.*, Kingston upon Hull: englische Industrie- und Hafenstadt an der Ostküste; *D.*,

DEUTSCHES REICH
J
REISEPASS
Nr. 19557
NAME DES PASSINHABERS
Eichwald, John
~~BEGLEITET VON SEINER EHEFRAU~~
UND VON —— KINDERN
STAATSANGEHÖRIGKEIT:
DEUTSCHES REICH
Verwaltungsgebühr
Dieser Paß enthält 32 Seiten

Der Passinhaber gehörte zu jenen Kindern, die auf Beschluss der britischen Regierung, 10 000 jüdische Kinder am 2. Dezember 1938 einreisen zu lassen, den Holocaust überlebten holländische Hafenstadt an der Emsmündung gegenüber Emden; Wilhelmina, Königin der Niederlande (1890–1948). Hinweis auf die Gleichgültigkeit des Auslands gegenüber der NS-Diktatur.

einen distinguierten Gast: einen vornehmen Gast.

Rückfall ins Backfischhafte: Backfisch, eigtl. der junge, nur zum Backen geeignete Fisch; im 20. Jh. (20er – 40er Jahre) volkstümlich für ›halbwüchsiges Mädchen‹.

eine hübsche Krabbe: hier im Sinne von: niedliche junge Frau.

ein Paß, … Jude: die Kennzeichnung jüdischer Bürger durch Passmarkierung beruht auf einem Vertrag zwischen der Schweiz und dem Deutschen Reich (29. September 1938), in dem sich das Deutsche Reich verpflichtete, alle Pässe mit einem roten J-Stempeleintrag zu versehen, der den Inhaber als Juden ausweist. Ab dem 5. Oktober gab es dann eine neue Passordnung: »Auf Grund der Verordnung vom 5. 10. 38 sind die Reisepässe der Juden mit Geltung für das Ausland durch einen Stempel mit einem roten ›J‹ zu versehen und das Datum handschriftlich anzugeben, an dem dieser Stempel in den Pass eingetragen wurde.« (»Verordnung über Reisepässe für Juden«; RGBl I, S. 1342; 7. Juli 1941: Runderlass des RFSSuCdDP). Die Einführung des »Judensterns« erfolgte am 19. September 1941 für alle Juden über sechs Jahre. Vgl. Anm. zu *Ich kann den Paß*, S. 47, zu *wie ihr Paß aussieht*, S. 79.

ein Lied aus dem Tonfilm ›Heimat‹, gesungen von Zarah Leander: eigtl. Zarah Hedberg (1902–81), Schauspielerin schwedischer Herkunft, ab 1937 in Deutschland, Filmstar der Ufa (Universum Film AG; 1937 Staatsbesitz/Abt. Film im NS-Reichspropagandaministerium); nach 1945 von der schwedischen und deutschen Presse wegen Kollaboration (Zusammenarbeit mit dem NS-Staat) angegriffen. – Der Autor verbindet das Thema des Filmes *Heimat* (1938) mit dem des Filmes *Zu neuen*

Ufern (1937), aus dem das zitierte Lied stammt: »Man nennt mich Miss Vane [sic!], die berühmte bekannte, yes sir nicht sehr beliebte bei Onkel und Tante, no sir, [...]«. ›*Heimat*‹: Emanzipationskonflikt in der kleinstädtischen Gesellschaft eines rückständigen deutschen Fürstentums 1885 am Beispiel einer Frau und Künstlerin mit ihrem Anspruch auf Selbstgestaltung des Lebens (Textvorlage: gleichnamiges Schauspiel, 1883, von H. Sudermann, 1857–1928); *Zu neuen Ufern:* Konflikt um die Liebe und Treue eines Bürgermädchens (Gloria Vane) und eines betrügerischen Adligen in London und Australien der 1840er Jahre, der durch dessen Selbstmord (Schuldbekenntnis) und ihrer Heirat mit einem Farmer gelöst wird (Textvorlage: Roman von L. H. Lorenz). – Die weiblichen Figuren in beiden Filmen, die unsoziales Verhalten und den wachsenden Emanzipationsanspruch der Frau vorstellen, können als Gegenfiguren zu Judith verstanden werden.

einer der schwedischen Seeleute ausspuckte: Geste der abschätzigen Beurteilung gegenüber der Schwedin Zarah Leander als reichsdeutscher Filmstar; historisch unzutreffender Hinweis, denn ihre Ufa-Karriere und deutsche Filme wie »Heimat« wurden in Schweden bis 1939 gefeiert.

Whisky ... Nach Roggen und Schottland und Seewind und uralten Fässern: hochprozentiges, teures Alkoholgetränk (Getreidebranntwein); Schottland: *Scotch*, seit dem 15. Jh., aus über Torffeuer gedörrtem Gerstenmalz hergestellt (Rauchgeschmack; *Malt-W.*), zumeist aber als Verschnitt im Handel (*Malt-W.* und *Corn- [Mais-] W.: Blended W.*); USA: *Rye-W.* wird aus Roggen, *Bourbon* aus Mais gewonnen. – Hier als ein Merkmal nobler Lebensart einer großbürgerlichen Oberschicht.

Flittchen: abschätzige Bedeutung im Sinne von ›flatterhafter leichtlebiger (junger) Frau‹.

Hafendirne: leichtes Mädchen, Prostituierte.

Kapitänsmesse: (engl.) *mess* ›Kasino‹; Bezeichnung für den Speiseraum von Offizieren und den des Kapitäns auf Schiffen.

Es gab Situationen, für die Mama nicht zuständig war: Der Erzähler vermittelt am Beispiel der Metamorphose (Verwandlung) Judiths vom behüteten jungen Menschen aus der selbstgenügsamen, gesellschaftlich von der politisch-sozialen Wirklichkeit isolierten Oberschicht zu der verwaisten Flüchtigen in einem Milieu von Diskriminierung, Verfolgung und Bedrohung, dass es schockierender Umstände bedarf, um ein Bewusstsein für sich und die Wirklichkeit zu entwickeln.

aber Rerik war nicht romantisch: romantisch seit dem 18. Jh. in der Bedeutung von ›poetisch, phantastisch; gefühlsbetont, schwärmerisch‹.

Konversation machen: in Gesellschaft unterhaltsam plaudern.

›Apotekarnas Sockerdricka‹: (schwed.) Zuckergetränk der Apotheker.

[25] *Der Junge*

Er hatte den Tom Sawyer und die Schatzinsel und den Moby Dick und Kapitän Scotts letzte Fahrt und Oliver Twist und ein paar Karl-May-Bände: Da die Texte in grundsätzlichen Themen, Motiven, Figuren, Handlungsentwicklungen wie Aufbruch/Flucht, Zivilisationskritik/Natursuche, individuelle Freiheit/ideale Welt, in einer sentimentalisierten, vereinfachten Lebensperspektive und damit verbundener Erzählerabsicht prinzipiell übereinstimmen, sind die Titel nicht unter lesegeschichtlichem, sondern erzähltechnischem, intentionalem Aspekt ausgewählt und dem Jungen beigefügt worden, um seine Situation der jugendlichen Orientierungssuche zu charakterisieren. Vgl. Anm. zu *Huckleberry Finn*, S. 12.

wie Huck Finn einfach wegläuft und wie Ismael angeheu-

ert wird: Huck Finn (vgl. Anm. zu *Huckleberry Finn*, S. 12); *Ismael* (eigtl. *Ishmael*), Icherzähler aus dem Roman *Moby Dick oder der Weiße Wal* von H. Melville (vgl. Anm. zu *Er hatte*, S. 62).

Er zog eine seiner Landkarten hervor: Die Landkarte dokumentiert Wirklichkeit und vermittelt den Anschluss an die reale Außenwelt.

die Namen Bengalen und Chittagong und Kap Comorin und Sansibar ... Kap Comorin und den Mississippi und Nantucket und den Südpol: B., Landschaft im Nordosten Vorderindiens; seit 1757 unter englischer Vorherrschaft; 1971 eigenständiger Staat Bangladesh. – *Ch.*, Industrie- und Hafenstadt in Bengalen; *Kap C.*, südlichster Punkt der Halbinsel Vorderindien. – *S.* (vgl. Anm. zu *Sansibar*, S. 5). – *M.* (vgl. Anm. *Der Mississippi*, S. 11, zu *Huckleberry Finn*, S. 12, zu *Auf dem Mississippi*, 13). – *N.:* Insel im Atlantik, vor der Küste des Staates Massachusetts (Ostküste USA); im 17. Jh. bedeutende Walfangstation. – *Südpol* (vgl. Anm. zu *Er hatte*, S. 62). – Die topographischen Vokabeln exotischen Klangs und globaler Erfassung sämtlicher Kontinente stimmen im Bildkomplex ›Wasser, Meer, Inseln, Küste, Kaps, Häfen‹ und in der Motivik von ›Ferne, Reisen, Aufbrechen‹ überein. Sie markieren die sentimental imaginierte Ferne jenseits von Europa und sind darin Ausdruck der naiven Sehnsucht des *Jungen* und damit letztlich des Menschen nach unbegrenzter Freiheit bei der Einrichtung des eigenen Lebens.

Der Junge ging zum Fenster: traditionelle Metapher der geistigen Öffnung gegenüber der Welt.

Man mußte Rerik verlassen: Zusammenfassung der Gründe. Vgl. Anm. zu *Man mußte raus*, S. 20.

[26] *Gregor – Knudsen*

Nutte: identisch mit *Nut*, *Nute* ›Fuge, Rille‹; vulgär für ›Hure, Prostituierte, Straßenmädchen‹. Vgl. Anm. zu *Flittchen*, S. 61, zu *Hafendirne*, S. 61.

die Aktion den Scheitelpunkt ihrer Kurve erreicht haben. Die Aktion ›Lesender Klosterschüler‹. Oder war es jetzt die Aktion ›Jüdisches Mädchen‹?: Im 13. Abschnitt erreichen äußere und innere Handlung den *Scheitelpunkt ihrer Kurve.* Die Entscheidung beider Akteure, des planenden Gregor und des ausführenden Knudsen, demonstriert die individuelle Befreiung der Kommunisten aus der ideologischen Bevormundung und den Rückgewinn ethischer Prinzipien. Ihre wiedergewonnene Freiheit, nach dem Gewissen zu entscheiden, und das Akzeptieren eines lebensgefährlichen *Risikos* bestätigen die Objekte der *Aktion*: die Rettung des *Lesenden Klosterschülers* und der Jüdin Judith, die beide – als einzige sicher Gerettete – zusammen das Prinzip ›Freiheit‹, die Unantastbarkeit der Menschenwürde und die humane Zukunft von Gesellschaft und Geschichte personifizieren. Ihre zentrale Bedeutung für die Romanaussage unterstreicht die vorangestellte Erkenntnis des *Jungen.* Ihm wird der *dritte* und eigentliche *Grund* menschlicher Existenz aus der Reflexionsebene seiner kindlichen Lebenserfahrung deutlich, das Prinzip der Freiheit und dessen Erreichen durch Selbstbefreiung im Handeln für den anderen. Die ihm vom Erzähler zudiktierte Einsicht gibt dem Roman den programmatischen Titel. Erzähltechnisch wird die Schlüsselfunktion dieses Abschnitts betont durch dessen Position auf etwa der Hälfte der erzählten Zeit und der Erzählzeit (Textmenge) sowie die Szenenzahl [13], die zahlensymbolisch mit der Zeitbestimmung ›vor Mitternacht‹ als ambivalenter Tageszeit zwischen Erlösung (Wiedergeburt) und Chaos (Tod) korrespondiert.

Ein kalter Romantiker, ein Aktionsspieler: Bildhaftes Umsetzen (Metapher: Schachspieler) des nüchtern organisierten, dennoch emotionsgeladenen humanen und politischen (Schwarz-Rot-Gold) Rettungsunternehmens durch einen geschulten Funktionär zugunsten von diskriminierten, individuellen Stellvertreter-Figuren: für die Kunst, Juden, Theologen und Kranken. Zusammenhang mit dem Grundmotiv der Desertion (Fahnenflucht) als einzigem Ausweg aus der Determinierung durch geistige Bevormundung (Ideologien) und soziale Gängelung (Gesellschaftspolitik).

den Genossen Klosterschüler: ironisch-emotionale Solidarisierung.

Leuchtfeuer auf der Lotseninsel: Lichtzeichen (Blinkfeuer, Drehscheinwerfer) als Navigationshilfe für die Schiffe während der Dunkelheit, ausgesandt von Leuchttürmen, Feuerschiffen, Leuchtbojen u. a.; topographischer Bezug: Leuchtturm von Bastorf, rund 7 km nordöstlich von Rerik.

Chaussee nach Doberan: Bad Doberan, Kreisstadt und Mineralbad im Bezirk Rostock, etwa 20 km östlich von Rerik.

Genossenschaftsmolkerei: Genossenschaft, seit dem Mittelalter eine Vereinigung von z. B. Berufsgenossen zur gemeinsamen Wahrnehmung wirtschaftlicher Interessen bei der Verarbeitung und Vermarktung agrarischer Produkte.

Beiboot: an Bord eines Schiffes mitgeführtes Ruder- oder Motorboot.

Haff: durch eine Nehrung (Landzunge) vom Meer abgetrennte frühere Meeresbucht.

Das heiße Eisen: ›eine gefährliche Sache‹; entlehnt dem mittelalterlichen Rechtswesen: Der Angeklagte musste im so genannten »Feuerurteil« ein glühendes Eisen eine Strecke weit tragen, um seine Unschuld zu beweisen.

Er hat die Fahne heruntergeholt: Fahnen sind Symbole

von Herrschaft und Ausdruck nationaler wie ideologischer Zugehörigkeit. Gregor fasst seine Einschätzung von Knudsens ideologischer Überzeugung und Parteinahme in das Bild von der eingezogenen, aufbewahrten Fahne und begreift, dass man politische Überzeugungen nicht einfach ruhen und bei Bedarf wiederaufleben lassen könne.

des Bogenlampenlichtes: elektrische Lichtquelle, bei der zwischen zwei Elektroden (Kathode–Anode) eine Gasentladung stattfindet; als so genannte Kohlebogenlampe früher weit verbreitet.

Türme wie Monstren: Knudsen projiziert momentane Angst und seelische Not in die Wahrnehmung der illuminierten, monströs personifizierten Kirchtürme, die ihm nicht mehr als Wegzeichen für Schifffahrt und Seele erscheinen, sondern als ein apokalyptisches Phänomen der Bedrohung, eine Allegorisierung der vorausgeahnten politisch-kulturellen Katastrophe der NS-Gewaltherrschaft (vgl. Georg Heyms Gedicht *Der Gott der Stadt*, 1911).

[27] *Der Junge*

Verteilerkappen: unzutreffender technischer Hinweis; Fischkutter werden durch selbstzündende Dieselmotoren angetrieben, während Benzinmotoren für die Zündungsvorgänge elektrische Impulse über eine Verteilermechanik unter der Verteilerkappe benötigen.

[28] *Helander*

Professor Gebhardt: abgeleitet vom deutschen Vornamen *Gebhard*, (ahd.) *geba* ›Gabe‹ + (ahd.) *harti*, *herti* ›hart‹, ›Freigebigkeit‹; wie im Falle von *Doktor Frerking* funktional getroffene, positiv besetzte Namenwahl.

›schalltote‹ Räume: technischer Begriff aus der Akustik-

forschung; geschlossene Räume, die durch eine Wand- und Deckenauskleidung mit schallabsorbierendem Material akustische Signale (Sprache, Musik u. Ä.) fast ohne Echo zulassen; Ende der 1930er Jahre in Rundfunk- und Schallplattenstudios für unverfälschte Tonaufnahmen verwendet, aber auch widerrechtlich bei Verhören und Folter missbraucht; hier im Sinne von ausgeschalteter Öffentlichkeit und Kommunikation in der NS-Diktatur.

seitdem Gott sich entfernt hatte: Vgl. Anm. zu *Wie hatte er sich*, S. 67.

auf die Kirchenwand geschrieben: Vgl. Anm. zu *Die große rote Wand*, S. 54.

Vikar: (lat.) bevollmächtigter Stellvertreter in einem geistlichen Amt, in der evangelischen Kirche einem Pastor zur weiteren Ausbildung zugeordneter examinierter Theologe.

auf der Pritsche in irgendeiner Lagerbaracke: Pritsche, aus Holz gefertigte Liegestatt; Hinweis auf die Konzentrationslager unter der NS-Herrschaft, in die auch dem Regime unbequeme Theologen eingewiesen wurden.

Morphium: (griech.-nlat.) ›Morpheus‹, griechischer Gott des Schlafes; allgemeinsprachlich für ›Morphin‹, Hauptbestandteil von Opium, dem eingetrockneten Saft des Schlafmohns; in der Medizin hochwirksames Betäubungsmittel bei starken Schmerzen.

Wie hatte er sich bisher den Sieg der Anderen erklärt? … Die Lehre des großen Kirchenmannes aus der Schweiz: Karl Barth (Basel 1886–1968), protestantischer Theologe, Hochschullehrer und Reformator; Gegner des Nationalsozialismus, ›Vater der Bekennenden Kirche‹ im »Kirchenkampf«, 1935 aus dem Lehramt entlassen. Er steht in der Tradition von Augustinus, Calvin und existentialistischem Gedankengut. Seine theologische Reform richtete sich gegen den so genannten »Kulturprotestantismus« (Kirche als Kult, Lebensgefühl), indem er auf die Unergründbarkeit des fernen Gottes verweist (*deus absconditus*), der nur über das Handeln von Jesus Christus erfahrbar ist (Christologie). Johannes Calvin, eigtl. Jean Cauvin (1509–64), französisch-schweizerischer Reformator, Verfechter strenger Kirchenzucht und eines theologischen Weltbildes mit dem zentralen Begriff der »Prädestination« (lat., Vorherbestimmung) des Menschen zur ewigen Seligkeit oder Verdammnis durch Gott. Nach Augustinus und Calvin ist der Mensch durch die Erbsünde unfähig zum Guten. Ihre theologische Kernfrage ist: Ist das Schicksal des Menschen von Anfang an festgelegt, und kann der Mensch durch seinen (freien) Willen sein eigenes Heil im Denken und Handeln beeinflussen (christlicher Existentialismus)?

Satan: (hebr.) ›Widersacher‹; im Spätjudentum und frühen Christentum Widersacher Gottes, generell der »Teufel« als Teil der christlichen Tradition; hier auch synonym für den NS-Terror. Vgl. Anm. zu *drei, drei, neun*, S. 68.

fensterlose, jahrhundertealte Wand: Vgl. Anm. zu *Die große rote Wand*, S. 54.

einer unter Mauern verschütteten Toccata: (ital.) *Toccata*, Musikstück für Tasteninstrumente (z. B. Orgel), gekennzeichnet durch den freien Wechsel zwischen streng gesetzten Teilen (z. B. Fugen) und verspielteren, lockeren Partien; hier: bildhafte Erfassung der unterdrückten Kunst als Teil geistiger Freiheit.

Die Schalen standen sich zitternd gegenüber: die Waage als Symbol des Gleichgewichtes der Gegensätze; hier im Sinne von Unentschiedenheit.

Drei, drei, neun, und der Satan hat ein Heiligtum in den Krallen: Hinweis auf die erzählerische Enthistorisierung und literarästhetische Abstraktion hin zur Mitteilung, dass der Terror der Staatsmacht durch das bloße Anwählen einer Telefonnummer ausgelöst werden kann. Denkbarer historischer Bezug: authentische Telefonnummer 339 (Amtliches Fernsprechbuch Bezirk Reichspostdirektion Schwerin, Januar 1940–42; Einwohnerbuch der Stadt Ribnitz 1938/39) von Polizeihauptwachmeister Franz Wiese, der 1937–42 im Polizeiamt der Stadtverwaltung von Ribnitz (Kleinstadt nordöstlich von Rerik/Rostock) tätig war. Die authentische Telefonverbindung mit der Exekutive des NS-Staates (Polizei/Zusammenwirken mit der Gestapo; Zentrale Schwerin) in Ribnitz wird im Interesse der übergeordneten Aussage von den historischen Fakten des beispielhaften NS-Terrors in dieser Kleinstadt, Rerik vergleichbar, in der Telefonnummer aufgehoben: 1933: Synagoge, zwei jüdische Friedhöfe; 1933–34: illegale Parteigruppe der KPD; 1938: Reichspogromnacht: Zerstörung von Synagoge, Friedhöfen, Privathäusern; 1942: Deportation von jüdischen Bürgern; April/Mai 1945: wichtige Station der so genannten »Todesmärsche« von KZ-Evakuierungen (nach: K. Dohnke, *NS in Norddeutschland*). – Die Teufelsmetapher in Verbindung mit der positiv besetzten Dreiheit und ihrer Multiplizierung versinnbildlicht die Perversion des Guten durch das Böse.

Was kümmerte es den abwesenden Gott: Vgl. Anm. zu *Wie hatte er sich*, S. 67.

Orion … Honolulu: O., Sternbild (Beteigeuze, Rigel, die drei Gürtelsterne); *H.*, Hauptstadt des US-Staates Hawaii (Pazifischer Ozean). Beide Ortsangaben, die ferne irdische wie die außerirdische, veranschaulichen die Verlassenheit des Menschen in seiner Not und den dafür mitverantwortlich gemachten *abwesenden Gott*.

deus absconditus: (lat.) *deus* ›Gott‹; (lat.) *absconditus, abscondo* ›geheim, verborgen‹. Reflexion der quälenden Erfahrung des Menschen allgemein und der Theologen (s. Karl Barth), dass sich der Gegensatz von dem verborgenen (transzendenten) Gott und dem präsenten *Satan*, dem *hohen Herrn* und der *Folter*, der *harte[n] Lehre* der Wirklichkeit und der *Mauer ohne Wort* Gottes regelhaft auflöst zu Ungunsten der existentiellen Not des verzweifelten Menschen; hier geht es um Helander, der sein zu erwartendes *Martyrium* in der dreimaligen Wiederholung von *Klinikbett* und *Tod* artikuliert.

[29] *Der Junge*

Vorfach einer Schnurrolle: Teil der Angelschnur (Schnurstück), der den Angelhaken trägt.

Cockpit: die »Plicht«, der offene, tiefgelegene Sitzraum auf Segel- und Motorbooten.

dann stimmen die Bücher ja doch: Übereinstimmung von Phantasiewelt und historischer Realität und die Ahnung, dass der Mythos ›Freiheit‹ immer die Möglichkeit der erfahrbaren Realität in sich birgt.

[30] *Judith – Gregor – Helander*

Sah er aus wie einer von den Anderen?: Hinweise auf Judiths gesellschaftspolitische, zeithistorische Ignoranz und Naivität, symptomatisch für die gefährliche Arglosigkeit, mit der ein großer Teil der etablierten jüdischen Bürger den Nationalsozialismus wahrnahm.

Nicolaigasse: Vgl. Anm. zu *sechs Türme*, S. 34.

Toilettensachen: (frz.) *Toilette*, vom 16. Jh. an für ein Tuch, auf das Gegenstände zur Körperpflege gelegt wurden.

Es war alles so selbstverständlich gewesen: ratlose, irritierende Reflexion über das familiäre Milieu des politisch naiven, leichtgläubigen städtischen Großbürgertums, das das Leben Judiths bestimmt hat. Der Erzähler stattet es durch Umstände aus, die die Lebensbereiche von Wohnen, Kultur und Gesellschaftsstatus klischeehaft markieren: *Leinpfadvilla* (vgl. Anm. zu *Leinpfad*, S. 32), *Degas* (Edgar D., 1834–1917; französischer Maler), *Salon* (vgl. Anm. zu *Parterresalon*, S. 32), *Jockeys* (Berufsreiter beim Galopprennen), *Pferde*, *Rosen*, *Georginen*,

Dahlien (Anm. zu *Georginen*, S. 32), *Alsterkanal* (vgl. Anm. zu *Leinpfad*, S. 32, zu *Kanal*, S. 32). Mit attributiven Ergänzungen wie *langbeinig*, *Chrysoprasgrün* (griech. ›Goldlauch‹; grüner Edelstein Chalcedon), *portugiesisch*, *olivseiden* wird eine zusätzliche Hochwertung im Sinne von »kostbar« erreicht. Die weitere Kennzeichnung durch *dunkel*, *weidenüberhangen* und *still* weist auf die gesellschaftlich isolierte, apolitische Situation der Oberschicht hin. Judiths Weltfremdheit zeigt sich in dem Urteil: *man hatte niemals Aufwand betrieben, Papa hatte sich zeit seines Lebens kein Auto geleistet.*

hoffentlich konnte Heise das Bild sicher unterbringen: Vgl. Anm. zu *Nun, im Jahre 1937*, S. 28, zu *Direktor*, S. 33, zu *Auf der Liste*, S. 45, zu *Heises Ratschläge*, S. 57, zu *nannte den Namen des Bildhauers*, S. 73.

getürmt: (Gaunersprache, ugs.) weggelaufen, abgehauen.

Sie glitt durch den Spalt …, einem Fisch gleich: Im literarischen Bild von der Flucht in die Geborgenheit verbindet sich die christliche ›Fisch‹-Symbolik (getaufte Christen als ›Fische‹, Sinnbild für erneuertes Leben) mit der legendären Schutzfunktion des Heiligen St. Georg (legendärer Kampf mit dem Drachen; 4. Jh. Martertod) und dem Geheimnis (Mysterium) von Gottes Taten und Werken, die sich demjenigen erschließen, der an diese glaubt.

Lettner: (mlat.) Lesepult; in Kirchen des Mittelalters jene halbhohe Wand, die den Chor- vom Gemeinderaum trennt, die beiden Pulte zur Verlesung der Evangelien/Episteln umfasst und aus dem sich architektonisch die Kanzel entwickelt hat.

Kirchen waren zum Schutz da: Kirchenasyl; seit den frühen Kulturen Tradition der Schutzgewährung in heiligen Stätten, auch in christlichen (seit Kaiser Konstantin I., 272/273–337; reg. 306–337) allgemein respektiert; gegenwärtig ohne rechtliche Absicherung. Die biblische Überlieferung spricht von den »Hörnern« an den vier

Ecken des Altars (2. Mose 27,2; 38,2; »Freistädte«: 4. Mose 35,6 ff.), die der Verfolgte ergreift und so sein Leben sichert (1. Kön. 1,50 f., 2,28). Der symbolische Vorgang des sinnbildlichen »Ergreifens« von Freiheit und Sicherheit vor Verfolgung wiederholt sich im »Ergreifen« des *Klosterschülers* durch sämtliche beteiligten Personen.

Hätte ich sagen sollen, ... ich bin kein Christ ... im eigenen Auftrag: Identitätskrise und -suche eines Mannes, der sich angesichts eines verbrecherischen Regimes des Versagens von geistlichen und weltlichen Ordnungssystemen bewusst wird. Der damit verbundene Verlust ethisch-politischer Orientierung führt zu einer Reduktion des Lebens auf elementare Daseinsformen als Mensch.

was man in Ihren Kreisen einen Schicksalsschlag nennt: aus der Sicht eines sozialistisch geschulten Mannes der Unterschicht die ironisch-sarkastische Beurteilung der distanzierend-unaufrichtigen Einschätzung von menschlichen Katastrophen in der gehobenen Gesellschaft.

eine kleine Ziffer im Plan des Bösen: hier: eine kleine Nummer, ein Teilzeichen im undurchschaubaren Konzept staatlicher Gewaltherrschaft als Ausdruck des grundsätzlich *Bösen* in der Welt (vgl. Anm. zu *drei, drei, neun*, S. 68). Romantheoretischer Hinweis darauf, dass es um das Prinzip des Bösen in der Welt geht und nur vordergründig um den historischen Fall des NS-Terrorregimes.

Tennisclub in Harvestehude: in den 1930er Jahren elitärer Sport der Oberschicht, die in Hamburg u. a. im Stadtteil *H.* an der Alster wohnte. *Tennis*-Motiv: Teil des Topos ›Tennis‹ für den naiven Glauben der deutschen Juden an die Ungefährlichkeit des NS-Antisemitismus (vgl.: A. Andersch, *Biologie und Tennis*, 1950; Hörspiel, Antisemitismus-Stück).

solange sie die Plätze noch hatte benutzen dürfen: Die Diskriminierung der jüdischen Bevölkerung variierte nach Regionen und Einrichtungen. Ein Zutrittsverbot zu öffentlichen Einrichtungen (Straßenbahn, Schwimmbäder; Theater, Kino u. a.) konnte zentral angeordnet werden.

Nonchalance: (frz.) Ungezwungenheit, Lässigkeit.

den schmissigen Seeoffizieren: schmissig, abgeleitet von (studentensprachl.) *Schmiss*, Narbe als Folge des Fechtens in einer schlagenden studentischen Verbindung; hier: flotten Seeoffizieren.

den Kavalieren mit den intakten Ehrbegriffen: (ital.-frz.) *cavalière*, *cavalier* ›Reiter, Ritter‹, später ›adliger Herr, Hofmann‹, seit dem 19. Jh. ›feiner, gebildeter, Damen gegenüber taktvoller Mann‹ (synonym zu *Gentleman*). Der Ehrbegriff gründet auf dem Respekt der unverletzbaren Menschenwürde, die man anderen Menschen entgegenbringt und von ihnen erwartet.

Gentlemen: (engl., Pl.) *Gentleman*, im 19. Jh. Mann von Lebensart und Charakter der so genannten »guten Gesellschaft«; später allgemein für den vornehmen, anständigen Bürger.

konfisziert: (lat.) von Staats wegen, gerichtlich entschädigungslos beschlagnahmt; hier: Kunstraubaktionen aus Gründen eines neuen NS-Kunstverständnisses (»Entartete Kunst«) und die Enteignung von diskriminierten Minderheiten. Vgl. Anm. zu *magaziniert*, S. 45.

nannte den Namen des Bildhauers, der die Statue gemacht hatte: Ernst Barlach, seit 1909 in Güstrow/Mecklenburg ansässig, von den NS-Machthabern als Vertreter der »Entarteten Kunst« (vgl. Anm. zu *Auf der Liste*, S. 45) geächtet und verboten. Vgl. Anm. zu *Nur eine kleine Figur*, S. 43.

Franziska: von *Franziskus* (ital. *Francesco* ›der Franzose‹); geht zurück auf den heiligen Franz von Assisi (1181/82–1226), Prediger und Stifter des Franziskanerordens (Bettelorden) auf der Suche nach dem Evangelium durch Askese und Seelsorge. Die positive Namensemantik kontrastiert die Ermordung der Frau durch die sowjetische Geheimpolizei im Namen einer besseren Gesellschaftsordnung. Vgl. Anm. zu *Was hatte er*, S. 67, zu *Tschistka*, S. 74.

Lenin-Akademie: Vgl. Anm. zu *Vorlesung*, S. 38.

dialektischen Materialismus: abgekürzt »DIAMAT«, Lehre vom Marxismus-Leninismus; Staatsdoktrin der UdSSR und sozialistischer Länder. Als Ideologie gründet er auf den Erkenntnissen von K. Marx, F. Engels, W. I. Lenin. Die Analysen, Forderungen und Ziele aus verschiedenen historischen Epochen bilden ein geschlossenes System von Gesellschaftsdeutung und Gesellschaftsveränderung. Als unwiderrufbare Ideologie der Menschheitsbeglückung propagiert, liegt sie als gesellschaftspolitische Lehre dem weltweit planmäßigen Aufbau einer sozialistischen Gesellschaftsordnung unter Führung der KP zugrunde und dient dem internationalen Klassenkampf des Proletariats (Arbeiter und Bauern) als Leitziel, für den u. a. an der *Lenin-Akademie* die entsprechenden Funktionäre geschult wurden. Vgl. Anm. zu *Vorlesung*, S. 38.

Tschistka: (russ.) abgeleitet von *čistyj* ›sauber, rein‹; hier: *čistka* ›Säuberung(en)‹. Bedeutungen: 1. regelmäßige Überprüfung des Mitgliederbestandes der KP, um »parteifremde« oder »parteischädliche Genossen« auszuschließen; dafür wurde ab 1920 eine Parteikontrollkommission eingesetzt. 2. Bezeichnung für die »Großen Säuberungen« in den Jahren 1934– 38, mit denen Stalin Teile der Parteiführung ausschloss und liquidieren ließ (Reduzierung der Mitgliederzahl von 3,5 [1933] auf 1,9 [1938] Mill.). 3. staatlicher Terror (1928, bes. 1937–38 und 2. Hälfte der 1940er Jahre) gegenüber Großbauern, Industriellen, Schriftstellern, Intellektuellen, der Führung der Roten Armee (rund 500000 Opfer, zuzüglich der Häftlinge, in Lagern Gestorbenen, Hungertoten; 1932: mehr als 5 Millionen); Gesamtzahl der Opfer zwischen 1927 und 1939 rund 12 Millionen – Direkter Hinweis auf den Staatsterror durch die russische Geheimpolizei *Tscheka*, gegründet 1917 nach der Oktober-Revolution zur Bekämpfung von Konterrevolution und Sabotage; 1934 in NKWD umbenannt. (Vgl. W. Leonhard, S. 24–52.)

Genosse Gregorij: durch Alliteration einprägsame Namengebung. Vgl. Anm. zu *Gregor*, S. 38, zu *Genossen*, S. 18, zu *Gregorij*, S. 38.

Staat der Arbeiter und Bauern: Vgl. Anm. zu *dialektischen Materialismus*, S. 74.

bourgeoises Ding: (frz.) *bourgeois* ›Bürger‹ (19. Jh.); im Sinne des Marxismus-Leninismus (vgl. Anm. zu *dialektischen Materialismus*, S. 74) wohlhabender Bürgerstand (*Bourgeoisie*) als herrschende Klasse der kapitalistischen Gesellschaft.

Schande der Kirche: Uneinigkeit der Kirche gegenüber der NS-Herrschaft und die opportunistische Kooperation von Teilen der Kirche mit dem Staat: »Kirchenkampf«, »Deutsche Christen«. Vgl. Anm. zu *Amtsbruder*, S. 46.

diesem tadellosen Edelmann Gottes … dieser süßen Bourgeoisen: ironisch-kritische Distanzierung des im Sinne der sozialistischen Weltanschauung geschulten Funktionärs vom Theologen, der Jüdin und der gebildeten kapitalistischen Oberschicht.

›Haltung vor der Guillotine‹: (frz.) *Guillotine*, Köpfmaschine mit Fallbeil, erfunden von den Ärzten Louis und Guillotine, seit 1792 während der Französischen Revolution als Hinrichtungsgerät eingesetzt. Ironisch-sarkastische Einschätzung der beherrschten Haltung von Pfarrer und Jüdin angesichts der tödlichen Bedrohung durch die Staatsbehörden.

er gehörte zu denen, die … sich verschworen hatten, niemandem mehr zu gehören: sprachlich und inhaltlich gekennzeichneter Bezug zum Komplex von Bibel, Propheten, Jüngern Jesu, Gläubigen und Missionaren (Paulus) und dem Anspruch des einzelnen Bürgers auf Unabhängigkeit.

die aufgefangene Figur in den Armen: Symbol. Geste in der ›Pietà‹-Tradition mittelalterlicher Andachtsbilder, z. B. beim so genannten Vesperbild der Pietà (seit dem 13. Jh. in Deutschland) und der Schmerzensmutter Maria mit dem toten Sohn Jesus (indirekter Bezug: Mk. 15,47, Lk. 23, 55 f.).

[31] *Der Junge*

es schwoite: (niederl.; Seemannsspr.) auch *schwojen*; Schwanken und Drehen eines vor Anker liegenden Schiffes.

über die See, und das ist die Chance für mich: Metapher von der Grenzüberschreitung, des Aufbruchs und Neubeginns.

[32] *Judith – Gregor*

Kampen: Nordseebad auf der Insel Sylt (Schleswig-Holstein); Seebad der wohlhabenden Oberschicht. – AB: Aufenthalt im Winter 1951–52; Niederschrift *Die Kirschen der Freiheit* (Berlin, 1952; Hinweis: »Kerpen (Eifel) – Kampen (Sylt) Januar 1951 – Juli 1952« (KF, S. [5]).

Sils Maria: Luftkurort bei St. Moritz (Engadin/Schweiz); renommierter Wintersportort der gehobenen Gesellschaft, Rückzugsort des Philosophen Friedrich Nietzsche 1844–1900.

seinen geliebten Goethe rezitiert hatte: J. W. Goethe, *Faust. Eine Tragödie*, Zweiter Teil (1832), Erster Akt: Anmutige Gegend, Chor (2. Strophe): »Nacht ist schon hereingesunken, / Schließt sich heilig Stern an Stern, /

Große Lichter, kleine Funken / Glitzern nah und glänzen fern; / Glitzern hier im See sich spiegelnd, / Glänzen droben klarer Nacht, / Tiefsten Ruhens Glück besiegelnd / Herrscht des Mondes volle Pracht.« – Das Zitat aus dem pantheistischen, Gott als in der Natur seiend verstehenden Naturgedicht, einer Scharnierstelle zwischen dem I. und II. Teil der *Faust*-Dichtung, dient dazu, den Zitierenden und die durch ihn vertretene wohlhabende Gesellschaftsschicht in ihrem verfestigten, zeittypisch sentimental-bildungsbürgerlichen Verständnis Goethes, literarischer Kunst und deutscher Kultur zu charakterisieren. Das Zitat klammert Fausts tatsächliche Situation aus: seine Verwandlung vom anmaßenden Gelehrten zum engagierten Bürger und Machtpolitiker in *Faust II*, gebunden an die Einsicht in die endliche menschliche Existenz als Spiegel des Universalen.

Rezitativ: (lat.) musikalischer Vortrag von Texten in rhythmisierter Form (Operntradition seit dem 16. Jh.); hier: innerfamiliäre Demonstration bildungsbürgerlicher deutscher Kulturwerte.

mecklenburgisches Singsang-Platt: mecklenburgisch-vorpommerscher Dialekt, Teil des Niederdeutschen, gesprochen südlich der Ostsee zwischen Lübecker und Pommerscher Bucht. Die Hebung der mittleren Langvokale vor *r* (z. B. *mi:r* ›mehr‹) und die Verkleinerungsendung *-ing* (z. B. *Mudding* ›Mütterchen‹) bewirken u. a. die Sprachmelodie.

Er stakte das Boot … vom Ufer ab: in der Literatur weit verbreitete Motivverknüpfung von ›Aufbruch‹, ›Grenzübertritt‹, ›Fluss/Meer-Überquerung‹ im Zusammenhang mit der existentiellen Situation einer konsequenten Entscheidung zwischen Begrenzung und Freiheit. (Vgl. in der griechischen Mythologie den Fährmann Charon, der die toten Seelen in der Unterwelt über den Fluss Styx übersetzt.)

Dollen: gabelförmige, drehbare Vorrichtung zur Aufnahme der Ruder (Riemen).

achtern: (Seemannssprache) hinten.

Ruderpinnen: Hebelarm, über den das Steuerruder bedient wird.

Alsterböen: Alster, künstlicher See in der Innenstadt Hamburgs (Binnen-/Außenalster) mit *böigen* Windverhältnissen.

Lampengehäuse: oberster Teil des Leuchtturms, der die Lampen für die Leuchtfeuer enthält (Blitz- und Festfeuer).

»Backbord«: linke Seite des Schiffes, im Unterschied zu Steuerbord.

Ich bin ein Niemand, der aus Rußland ins Niemandsland geht: Identitätsproblematik. Vgl. Anm. zu *Vorlesung*, S. 38, zu *Was hatte er*, S. 40, zu *Ich habe keinen Namen*, S. 54, zu *Hätte ich sagen sollen*, S. 72.

MG: abgekürzt für *Maschinengewehr*; automatische Schnellfeuerwaffe.

politische Polizei: Im politischen Interesse der Erhaltung und Kontrolle der »Volksordnung« führte die Vereinheitlichung der Polizeidienste zur Vereinigung mit dem SS (»Staatsschutz«). Die Ernennung Heinrich Himmlers 1936 (preußisches Gestapo-Gesetz) zum RFSS (»Reichsführer SS«) und »Chef der Deutschen Polizei im Reichsministerium des Innern« bewirkte 1937 die weitgehende verwaltungstechnische, politische Eigenständigkeit der politisch geführten Polizei, untergliedert in zwei Hauptämter (seit 1936): 1. Ordnungspolizei: Schutzpolizei, Polizeibataillone, Gendarmerie, Technische Nothilfe, Feuerschutz- und Gemeindepolizei; 2. Sicherheitspolizei (*politische Polizei*): Gestapo (»Geheime Staatspolizei«; vgl. Anm. zu *Spitzel*, S. 56) und Kriminalpolizei.

ein politischer Fall: ein juristischer *Fall* (illegale Ausreise, illegaler Kunstexport) und ein *politischer Fall*, weil daran ein Kommunist und ein Moskauer ZK-Instrukteur (staatliches Verbot der KPD), eine Jüdin (staatliche Diskriminierung der Juden), ein modernes Kunstwerk (staatliche Diskriminierung moderner Kunst als »entartet«, im Privatbesitz verboten) und ein der NS-Kirchenpolitik gegenüber opponierender Pastor beteiligt sind.

wie ihr Paß aussieht: bezieht sich auf den »J«-Stempel (vgl. Anm. zu *Ich kann den Paß*, S. 47, zu *ein Paß*, S. 60), aber auch auf die Verordnung vom 17. August 1938, dass ab 1. Januar 1939 männliche Juden den zweiten Vornamen »Israel«, Jüdinnen »Sarah« führen mussten.

es gibt also etwas, was man Zufall nennen kann: Der *Zufall* wird als wesentliche Bedingung der Freiheit menschlicher Existenz (*Willensfreiheit*) gedeutet, und zwar im Konflikt mit der Gängelung durch Ideologien (*Dogma der Partei*, *Kausalität Gottes* und der *Kirche*) sowie mit dem Kausalprinzip (*Naturgesetze*) »nihil fit sine causa« (»nichts geschieht ohne Ursache«: Satz vom zureichenden Grunde). Der Roman weist auf diesen Zusammenhang durch die demonstrative Ablehnung von Systemzwängen und die immer mögliche Öffnung zu Neuem hin.

[33] *Der Junge*

warum mußten Figuren aus Kirchen herausgeschmuggelt werden: Korrespondenz der beiden ›Jungen‹ in ihrer Funktion als Handlungsobjekte mit dem Unterschied, dass der Sinn der Kunstfigur sich im vollendeten Kunstwerk erfüllt hat, die Frage nach dem Sinn des Lebens sich für den Fischerjungen noch stellt, dokumentiert in den naiven Reflexionen über den Sinn der Vorgänge um den *Klosterschüler*.

[34] *Knudsen – Gregor – Judith*

Tjalk: (niederl.) einmastiges Küstenschiff.

Lolland und Falster: dem geographischen Rerik am nächsten gelegene dänische Inseln, rund 52 km in nördlicher Richtung.

betütert: (nordd., ugs.) angetrunken, beschwipst.

Pantomime: Darstellung einer Handlung ausschließlich durch Gebärden, Mienenspiel und Tanz.

eine Art Priel: Wasserlauf im Gezeitenbereich von Meeren (Nordseewatt).

Alles muß neu geprüft werden: Verbindung von ästhetischer Forderung (an den Roman) und ethischer Forderung (an das Personenhandeln) nach Infragestellung der eigenen Existenz und Prüfung zukünftiger Lebensgestaltung.

[35] *Der Junge*

Sperrzone: küstennaher Teil des Meeres, der als militärischer Sicherheitsbereich für die zivile Schifffahrt gesperrt ist. Vgl. Anm. zu *jenseits*, S. 16, zu *Rerik*, S. 18.

Neger: Die Diskriminierung von Farbigen ist Teil des allgemeinen Rassismus. Auf der vom Weimaraner Generalintendanten Hans Severus Ziegler 1938 in Düsseldorf eröffneten Propagandaschau »Entartete Musik« als Teil der Reichsmusiktage figuriert auf dem Plakat als negative Symbolfigur ein schwarzer Jazzmusiker mit Davidstern (das Motiv ist eine Anlehnung an Křeneks Oper *Jonny spielt auf*, 1927).

als Politischen ausgeben: als politisch Verfolgter das Asylrecht (Recht auf Schutz vor Verfolgung) beanspruchen; aktuelles Völkerrecht: Der Einzelne ist ohne Recht auf Asyl in einem anderen Staat, aber jeder Staat hat das garantierte Recht, Asyl auf eigenem Territorium oder in seiner Auslandsvertretung zu gewähren. Vgl. Anm. zu *Kirchen*, S. 71.

Szenenfoto aus Bernhard Wickis Verfilmung
Sansibar oder der letzte Grund (1987)

[36] *Helander*

Meine Träume sind immer trostlos: Die beiden Träume, derjenige von einer erfahrenen fürchterlichen Welt des Krieges (selbstzerstörerische Zivilisation) sowie der von einer geträumten Zukunft in Freiheit/Natur (Schaukel/Norwegen), kennzeichnen die traumatisch bedrohliche Situation Helanders zwischen Gesellschaft, Religion und Zukunftsperspektive. Träume symbolisieren hier nicht Veränderung, Befreiung und Selbstfindung, sondern das Gegenteil.

Lille: Industriestadt im französischen Teil Flanderns; während des Ersten Weltkriegs umkämpft und bis Kriegsende als Etappenstadt der Westfront von deutschen Truppen besetzt.

aus dem Lazarett entließen, ... Marschbefehl zum Ersatztruppenteil ..., Abschied: Nach der medizinischen Behandlung erhalten verwundete Soldaten, je nach dem Grad ihrer Verletzung, den Befehl, sich entweder bei der Truppe an der Front, bei einer Reserveeinheit hinter der Front zu melden oder den *Abschied* (Entlassung) aus dem Militärdienst zu nehmen.

Etappenschweine: abschätziger Landserausdruck für Soldaten, die nicht an der Front, sondern im Hinterland (Etappe) relativ ungefährdet Dienst tun.

Käthe: Kurzform von Katharina, (griech.) *katharós* ›rein‹, hier: die Reine; positive christlich-semantische Besetzung durch die Bedeutung der legendären K. von Alexandria (3./4.Jh.) und ihrer wunderbaren Beerdigung auf dem Berg Sinai; Schutzheilige der Philosophen und eine der 14 Nothelfer.

Tod im Kindbett: Kindbett-, Wochenbettfieber; infektiöse Erkrankung der durch die Geburt verursachten Wunden, heute mit Antibiotika erfolgreich behandelbar.

Askese: (griech.-neulat.) Übung; enthaltsames Leben.

Rotsponabenden im Hamburger Hof: (ugs.) *Rotspon* für Rotwein (*spon* ›Span‹, Weinfass aus Holz); seit dem Mittelalter ist Lübeck Umschlagplatz für französische Rotweine (Markenname seit den 1950er Jahren). Hier: Kennzeichnung eines ereignislosen Lebens und kleinbürgerlicher Stammtischfreuden in einer Gaststätte, deren Name wie andere Bezeichnungen auf Wismar als Schauplatzvorbild für das fiktive Rerik verweist (Sylt – AB: Aufenthalt 1949 – und Wismar: historisches »Hotel Stadt Hamburg«).

Diese wiederkehrenden Träume ... sind immer meine stärksten Gottesbeweise gewesen ...: ich habe in einer Welt gelebt, die erlöst werden muß: Träume als Beleg der psychischen Krise aus der religiös verinnerlichten Erfahrung einer terrorisierten Welt, die durch Widerstand zu befreien ist, und der Gotteserfahrung aus der

Negation (Abwesenheit) Gottes (Karl Barth). In Helanders Selbsterkenntnis vom Ausgesetztsein in Einsamkeit verbinden sich die Not im Zusammenhang mit dem Privatleben, mit der dienstlichen Funktion als diskriminierter Pastor, mit dem erschütterten Glauben als Theologe.

die Schriften Freuds: Sigmund Freud (1856–1939), Nervenarzt, begründete die Psychoanalyse (»metapsychologische« Lehre vom Aufbau der Persönlichkeit) und entwickelte die Psychotherapie unter Einbeziehung des Unbewussten und der Triebfunktion. Hier: Bezug zu seinem Buch *Die Traumdeutung* (1900); Träume: Erscheinungsform des Unbewussten, beeinflusst von Tageserfahrungen, Sinnesreizen; Verbildlichung von äußeren Reizen (Probleme, Wünsche, Ängste) in verschlüsselter Form.

Die Hölle war der Raum, in dem Gott nicht war: Vgl. Anm. zu Karl Barth: *Wie hatte er sich*, S. 67.

Das Nichts treibt ihn an: Gregor praktiziert einen den Menschen zugewandten christlichen Existentialismus im Sinne von K. Barth, A. Camus (»Revolte«) und J. P. Sartre.

Pistole … mit fein gravierten Beschlägen: Faustfeuerwaffe mit dekorativ verzierten Metallauflagen; hier verwechselt mit dem Revolver, der kein Patronenmagazin im Griff hat, sondern eine *sechsschüssige Trommel* (vgl. Anm. zu *drei Patronen,* S. 83).

drei Patronen: Die Dreizahl (vgl. Anm. zu *Nummer drei,* S. 56) gehört im Roman zu den Leitmotiven, den Mitteln der epischen Integration und zu den Symbolen mit traditioneller Semantik und Referenzleistung: vgl. u. a. *drei Gründe* (vgl. S. 20), *dreischiffige Basilika* (vgl. S. 21), *drei Linden* (vgl. S. 21), *Dreimastbark* (vgl. S. 50), *339* als Telefonnummer (vgl. S. 68), usw.

Martyrium: Vgl. Anm. zu *Ich kann wählen*, S. 56.

Gott war nicht die feste Burg des Kirchenlieds: »Eine feste

Burg ist unser Gott« (um 1523), protestantisches Kirchenlied des Reformators Martin Luther (1483–1546). Das Trostlied übernimmt die Aussage des 46. Psalms *Eine feste Burg ist unser Gott*, mit der den Menschen zugesichert wird, dass *Gott* die *Zuversicht und Stärke sei, eine Hilfe in den großen Nöten, die uns getroffen haben.* Es veranschaulicht die biblische Botschaft unter Verwendung des Symbols der Burg: Allegorisierung Gottes als wehrhafte, uneinnehmbare Schutzeinrichtung von Dauer gegen das Böse; vom theologisch revoltierenden Helander unter dem Einfluss Barths geleugnet.

im Aufstand gegen Gott … daß man einen Gott, der den Seinen nicht beistand, züchtigen mußte: fast atheistischer Zorn, der einem Begreifen weicht, mit dem der Zusammenhang zwischen dem fernen Gott und der Aktion des praktischen Widerstands hergestellt wird.

Du sollst nicht töten, hatte der ferne hohe Herr erklären lassen: 6. Gebot der biblischen Zehn Gebote. Diese (2. Mose 20,2–17) sind der Hauptteil des von Gott auf dem Sinai geoffenbarten Gesetzes der sozialen und kulturellen Einheit Israels. Die in der christlichen Tradition unumstößliche ethische Forderung, jede Tötung, also Ermordung eines andern zu verhindern, wird im Text auf ironisch-sarkastische Weise als moraltheologische Berechtigung zum Töten für die Situation umgedeutet, in der Gott sich nicht um den bedrohten Menschen kümmert.

nicht einmal Moses hatte sich an dieses Gebot gehalten: Mose tötete in Ägypten einen Aufseher, der Moses Glaubensgenossen geschlagen hatte (2. Mose 2,11f.; Problem: Freiheit der Notwehr gegenüber Unterdrückern).

Schamanenglauben: Schamanismus, Glaube an Geisterbeschwörung, Krankenheilung durch den Schamanen (Priester), an visionäre Kontakte mit dem Jenseits im ekstatischen Zustand (Rausch, Tanz, Selbsthypnose);

verbreitet bei Naturvölkern Asiens, den Indianern, im Südseeraum, in Afrika.

Ich werde töten, um Gott zu züchtigen: radikale Rebellion des zweifelnden Theologen und gequälten Menschen gegen den eigenen Gott, weil der ferne Gott das Böse in der Welt nicht verhindert hat.

eine große schwarze Limousine, … schwarze Uniformen und hohe Stiefel, … schwarze, zweireihige Mäntel … Hüte: klischeehafte Vorstellung vom Erscheinungsbild der Gestapo als Bedrohung durch den allmächtigen Staat.

Haß auf die Sprache: Rückbezug auf die erste Untersuchung der NS-Sprache und ihrer repressiven Eigenschaften durch den Romanisten Victor Klemperer, *LTI Lingua Tertii Imperii – Die Sprache des Dritten Reiches* (1947).

Er lehnte sich stärker gegen das Fenster: Das ›Fenster‹-Motiv mit seinem sinnbildlichen Verweis auf die Isolierung des Menschen vom Leben (vgl. *Gregor*, Anm. zu *wir haben den Glockenturm*, S. 51) und die Sehnsucht nach dem freien Leben wird für Helander in der gestaffelten Verknüpfung von Fenster/Wand/Gott aufgenommen, um seine Gottessuche zu veranschaulichen.

In den Feuerstößen aus seiner Pistole würde die Welt für die Dauer von Sekundenbruchteilen lebendig werden: Bild von der Erfahrung absoluter Freiheit, die in einem Moment entschiedenen Handelns einer radikal befreienden humanen Aktion realisierbar ist: *Gott läßt mich schießen, weil er das Leben liebt* (Kap. [36]).

Ulster: benannt nach der Provinz Ulster (Irland); zweireihiger Herrenwintermantel aus Ulsterstoff, einem schweren Tuch, modisch geworden Ende des 19. Jh.s.

In den Stiefeln gestorben: Redensart: das Ausharren auf seinem Posten; hier: Pflichterfüllung des Kapitäns beim Schiffsuntergang.

die Schrift!: Wiederholung der Offenbarung Gottes als übergeordneter Macht, die straft (ägyptische Plagen:

2. Mose 7–12) und rettet (Auszug der Kinder Israels/ Gesetzgebung auf dem Berg Sinai; 2. Mose 19,1–6, 16–25; 20 ff.). Vgl. Anm. zu *Die Tafel*, S. 23, zu *Du sollst nicht töten*, S. 84.

[37] *Der Junge*

Schonen: Landschaft in Südschweden.

das alle Schotten dicht hatte: Schott, wasserabdichtende Querwand- oder Längstrennwand in Schiffen, um bei einem Leck das Volllaufen zu verhindern; hier: Fenster und Türen sind geschlossen.

Wald: Topos (*locus amoenus* ›lieblicher Ort‹) als Hinweis auf das Ankommen in einer realen Gegend, in der sich scheinbar die gelesene, erträumte Utopie (Paradies) erfüllt, aber in ihrer Weltabgewandtheit dem verantwortungsvollen Auftrag des Menschen in der wirklichen Welt nicht entspricht.

Döbel: bis zu 60 cm großer räuberischer Karpfenfisch, der vornehmlich geangelt wird.

Himmel ohne Sterne: Bild vom Rückverweis auf die Erde und die Gesellschaft in der Wirklichkeit, wo die Lebensorientierungen zu suchen sind.

blickte nicht mehr in den Wald zurück: Die Schlussmetapher von der Umkehr (Verkehrung des mythologischen Orpheus-Motivs, der seine Geliebte beim Gang aus der Unterwelt gerade dadurch verliert, dass er sich entgegen dem Verbot nach ihr umsieht) demonstriert die Aufhebung der Utopie und die Entlarvung des ›Insel‹-Daseins in der Gesellschaft als Illusion. Die im Roman thematisierte Suche mündet in die Erkenntnis von der unumgänglichen Wirklichkeitszuwendung und der Notwendigkeit eines engagierten Lebens. In diesem Sinne ist der Schlusssatz mit dem Auftaktsatz des Textes und dem Romantitel verbunden.

II. Autor-Biographie, Werkgeschichte und Andersch über *Sansibar*

1. Autor-Biographie

»Irland also. Bei mir spricht nichts gegen Irland als das Klima (meine Frau ist rheuma-anfällig und kann nicht in ein ausgesprochenes Rheuma-Klima) und der irische Katholizismus. Ohne diese beiden Faktoren wäre Irland in der Tat das geeignetste Land zum Emigrieren, oder für die Form der Halbemigration, die wir im Sinne haben.«

»Daß Sie Irland im Prinzip billigen, freut mich. Mir geht es genau wie Ihnen: englischer Sprachraum müßte es sein (bei mir kommt noch hinzu, daß ich zu übersetzen pflege, und mich so perfektionieren könnte!). Bei solcher Lage der Dinge ist I. tatsächlich für uns das einzig ›freie‹ Land in Europa; denn frei kann ich nur den nennen, der weder dem Westen noch dem Osten angeschlossen ist. (In außereuropäischen Räumen wär's natürlich die ›Insel Felsenburg‹, wo man ebenfalls Englisch spricht, und alle Leute 100 Jahre alt werden – nur ist die Überfahrt dorthin für mich zu teuer).«

Brief von Andersch an Schmidt, 20. Dezember 1956; Brief von Schmidt an Andersch, 23. Dezember 1956. Beide in: Arno Schmidt: Der Briefwechsel mit Alfred Andersch [...]. Zürich: Haffmans, 1985. S. 105, 107. – Mit Genehmigung der Diogenes Verlag AG, Zürich.

»Endlich einmal kann ich mit dem Finger auf die Texte hinweisen, mit denen ich gelebt habe. Ich memoriere im Geiste: Shakespeare, Goethe, Claudius, Stendhal, Flaubert, Proust, Conrad, Rilke, Thomas Mann, Brecht. Vielleicht auch noch Gogol, und natürlich Faulkner.«

Alfred Andersch: Mein Lesebuch. Frankfurt a. M.: S. Fischer, 1978. S. 7. – © 1978 S. Fischer Verlag GmbH, Frankfurt am Main.

»Generation 1914, kleinbürgerlicher Herkunft, Bayer, Gymnasiast in München, Buchhändlerlehrling, Büroangestellter, Unzufriedener, Brillenträger, Radfahrer, Pfeifenraucher, Rilkeleser, kommunistischer Jugendorganisationsleiter, Revolutionär, Häftling, Illegaler, Soldat, Einzelgänger, Revisionist, Abtrünniger, Antifaschist, Antibolschewist, Deserteur, Kriegsgefangener in USA, Gründer und Redakteur der Zeitung ›Der Ruf‹, Rückkehrer, Europäer, Dialektiker, Oppositioneller, Nonkonformist, Gründer des ›Abendstudios‹ am Sender Frankfurt, Herausgeber der Reihe ›studio frankfurt‹, Redakteur am Norddeutschen Rundfunk in Hamburg, Chef des ›Radio-Essays‹ am Süddeutschen Rundfunk, Herausgeber der Zeitschrift ›Texte und Zeichen‹, Entdecker und Förderer jüngerer experimenteller und engagierter Literatur, Autotourist, Kenner Italiens, Frankreichs und Skandinaviens, konkreter Journalist für seltene Fälle, existentielle Intelligenz als Hörspielschreiber, Funkschriftsteller, Filmautor, Kritiker, Lyriker und Romancier, schließlich freier Schriftsteller, wohnhaft in Berzona im Tessin, Bewunderer Stendhals, Joseph Conrads und der Amerikaner des 20. Jahrhunderts, aber auch Becketts, Genets, Arno Schmidts, Adornos und Koeppens, von bewußter, aber an sich haltender Radikalität, immer ein wenig linker Hegelianer, auch Neigungen zum religiösen Sozialismus.«

Max Bense: Porträt Alfred Andersch (1962). Zit. nach: Gerd Haffmans (Hrsg.): Über Alfred Andersch. Zürich: Diogenes, [3]1987. S. 19f. –

»Du warst im Jahr 1933, als in Deutschland die herrschende Ideologie bereits der Faschismus war, organisiert in der Jugendorganisation der kommunistischen Partei. Das war eine Position, die absolut gegen den Strich war. Du bist in den Jahren 1945–1948, nach der amerikanischen Kriegsgefangenschaft, sofort in einen deutlichen Konflikt mit der amerikanischen Militär-Administration in Deutschland geraten. Du bist dann in den 50er Jahren, als die dominierende Ideologie in Deutschland der ›Kalte Krieg‹ war, sehr vehement gegen die Denkweisen aufgetreten, die der ›Kalte Krieg‹ gepflegt und gefördert hat. Du bist dann Ende der 50er – Anfang der 60er Jahre, als es in Deutschland zu einem gewissen Literatur- und Medienboom kam, aus diesem Boom fast demonstrativ ausgestiegen. Du hast Dich in den Jahren '68 und '69, als die Studentenbewegungen das dominierende ideologische Moment war in der deutschen Szene, dieser Bewegung gegenüber mit äußerster Distanz – äußerst distanziert verhalten, und wenn ich dem glaube, was über Deinen neuen Roman zu hören ist, so wird sich die Erscheinung dieser Gegenläufigkeit wiederholen, denn in dem Moment, wo es in Deutschland einen deutlichen backlash gibt, d.h. eine Rückwendung zu konservativen Denkformen, scheint es sich hier in einem gewissen Sinn um einen marxistischen Roman zu handeln. Diese kurze Aufzählung ist fast zu kurzatmig und in dieser Gedrängtheit vielleicht auch nicht immer richtig, aber ich glaube unbestreitbar erscheint mir daran doch eines, daß es hier ein antizyklisches Denken gibt, d.h. ein Denken, das eigentlich konträr verläuft zu den dominierenden Strömungen dessen, was man den Zeitgeist nennt.«

Hans Magnus Enzensberger: Die Literatur nach dem Tod der Literatur (1974). Zit. nach: Gerd Haffmans (Hrsg.): Über Alfred Andersch. Zürich: Diogenes, [3]1987. S. 200f. – © 1974, 1980, 1987 Diogenes Verlag AG, Zürich.

2. Werkgeschichtliche Umstände

a) Zur Textgestalt

Die Handlung des Romans ergibt sich aus 37 nicht nummerierten Abschnitten (Episoden). Das für den Erstdruck vorgelegte Typoskript des Autors und die drei folgenden

Editionen 1957 (Olten), 1960 (Frankfurt a. M.) und 1965 (Olten) richten sich im Umbruch nach dem Prinzip der kontinuierlichen Abfolge dieser Episoden. Für die variierenden Umbruchzäsuren in der aktuellen Textfassung (*Werkausgabe in Einzelbänden*, Bd. 2; Zürich: Diogenes, 1970 [u. ö.], detebe 20055) und die damit bewirkte unterschiedlich umfangreiche Bündelung von Abschnitten konnte keine Begründung gefunden werden. Eine textkritisch bearbeitete Neuausgabe der *Sämtlichen Werke*, die sich an der Textgestalt der Typoskripte des Autors und Ersteditionen orientiert, befindet sich in Vorbereitung.

b) Zur Entstehungsgeschichte

Übersicht zur Werkgeschichte

1944: *Erste Ausfahrt* (Arbeitstitel: »Sechzehnjähriger allein«; Erz.). – 1945: *Fräulein Christine* (Erz.) von [Ps.] Anton Windisch, in: *Der Ruf*, 15. Juni (USA 1945), S. 6; Wiederabdr. in: V. Wehdeking, *Der Nullpunkt*, Stuttgart: Metzler, 1971, S. 201–203. [Darin angelegte Themen bzw. Motive: Barlach/Diskriminierung der Kunst, Holzfiguren, Diktatur und Verhaftungsgefahr, Desertion und Exil.] – 1944: *Amerikaner – Erster Eindruck* (Erz.; auszugsweiser Abdr. u. d. T.: *Abschied von Rom*, in: *Der Ruf*, Juni 1944; Romanplan: Ausarbeitung der Erzählung *Amerikaner – Erster Eindruck* u. d. Arbeitstitel *Flucht in Etrurien* findet keine Fortsetzung. – 1948: *Heimatfront* (Erz.; erstmals Schilderung aus Figurenperspektive), Neufass. u. d. T.: *Flucht in Etrurien* (Erz.; entst. 1949). – 1950: *Biologie und Tennis* (Hörsp.; Ms. 1950); *Die Kirschen der Freiheit* (Berlin, 1952; Erweiterung der Erzählung *Flucht in Etrurien*; Entstehungsgang: »Kerpen (Eifel) – Kampen (Sylt) Januar 1951 – Juni 1952«; Motto: »›Ich baue nur noch auf die Deserteure‹, *André Gide, Journal, 11. Mai 1941*«. – 1953: Aufenthalt auf den Liparischen Inseln; Entschluss *Sansibar* zu schreiben; Arbeitsbeginn von *Sansibar* mit dem Konzepttitel »Graues Licht«. –

1956: Manuskript abgeschlossen. – 1957: Ende Januar Typoskript an den Walter Verlag (Olten), endgültiger Titel, Korrektur an der Figur des Jungen. – 1957: Erscheinungsjahr, Lizenzverkauf (Frankreich, England, USA). – 1958: *Aktion ohne Fahnen* (Hörsp.-Fass.). – 1957/58: »Preis für Literatur 57/58« (Verband der Deutschen Kritiker); Plan der Neufassung (Jüdin zu individualisiert). – 1961: Fernsehfassung (SDR). – 1987: Kinofilm: Regie Bernhard Wicki. Fortsetzung von Grundthematik und Motiven in den Romanen *Die Rote* (1960) und *Winterspelt* (1974). – *Ausgewählte Vorbildtexte:* Dylan Thomas: *Unter dem Milchwald* (*Under Milk Wood*, 1954; Hörsp., Bühnenstück; Uraufführung 1953), Ein Spiel für Stimmen, deutsche Nachdichtung von Erich Fried, in: *Spectaculum. Sechs moderne Theaterstücke*, Frankfurt a. M.: Suhrkamp, 1962, S. 223–266; Thornton Wilder, *Unsere kleine Stadt* (*Our Town*, 1938; Schausp.), Schauspiel in drei Akten, in: *Thornton Wilder: Lesebuch*, Frankfurt a. M.: S. Fischer, 1977, S. 313–369; Sherwood Anderson, *Winesburg, Ohio* (1919; Erz.).

»Sehr interessiert hat mich die Nachricht von der baldigen Fertigstellung Ihres Buches. Ich sagte Ihnen schon in Stuttgart, daß Ihre autobiographischen Mitteilungen in Form der ›Kirschen‹ ein Einundeinzigstes werden könnten: falls Sie sich entschließen sollten, sie weiter zu führen (vielleicht – aber das ist natürlich ein ausgesprochener ›Leserwunsch‹ – sie auch noch zu interpolieren, aufzufüllen). In Ihrem Leben scheinen mir Individualismus und Modellfall so unnachahmlich vereinigt, daß – hinzukommt noch Ihre ausgedehnte Bekanntschaft mit allen ›Geistern‹ der Epoche – an ihm (und durch es) unser ganzes Zeitalter vorbildlich demonstriert werden könnte.«

Brief von Schmidt an Andersch, 23. Dezember 1956. In: Arno Schmidt: Der Briefwechsel mit Alfred Andersch […]. Zürich: Haffmans, 1985. S. 106. – Mit Genehmigung der Diogenes Verlag AG, Zürich.

»Mehr und mehr hatte der Roman vor seinem geistigen Auge Gestalt angenommen. Die Bilder einer Wanderung, die ihn 1938 von Hamburg aus die mecklenburgische Küste entlang führte, hatten ›eine Art magische Qualität‹ angenommen, waren wie in ›graues Licht‹ gehüllt – weshalb er das Romanprojekt ›Graues Licht‹ nannte. Aus einer Zeitungsnotiz wußte er, daß der Zigaretten-Fabrikant Hermann Fürchtegott Reemtsma im Dritten Reich Plastiken des von ihm geschätzten Ernst Barlach aufgekauft hatte, um sie vor dem Zugriff durch die Nazis zu retten. Das Schicksal seiner ersten Schwiegermutter, die im KZ Theresienstadt ermordet wurde, und die Schuldgefühle gegenüber seiner ersten Frau Angelika drängten sich nach vorn. Die Rettung der Jüdin ›Judith‹ – Angelika hatte er ja gerade nicht gerettet, nicht retten können – verband er mit der Rettung von Barlachs Plastik ›Der lesende Klosterschüler‹ und dem Rückgewinn menschlicher Würde in einer schier aussichtslosen Situation. Dieses Themen- und Motivbündel stellte er aus der Sicht von fünf Hauptpersonen simultan und in wechselnden perspektivischen Momentaufnahmen dar, eine Technik, die er bereits in einigen Erzählungen ausprobiert hatte und die er in Wolfgang Koeppens Roman ›Tauben im Gras‹ und bei Arno Schmidt wiedergefunden hatte. Da es *die* Wahrheit nicht gab, sondern immer nur Annäherungen, und da Wirklichkeit nicht eindimensional, sondern komplex war, schien das perspektivische Erzählen die ehrlichste intellektuelle Lösung zu sein. Ohne Auftrag, ohne ideologische Fahnen im Hintergrund, aus bloßer Menschlichkeit heraus zu handeln, darauf kam es an, das wollte er darstellen. Indem er die Herrschaft der Diktatur des totalitären Dritten Reiches, die Verfügungsgewalt der Kommunistischen Partei und die Allmacht Gottes in Gegensatz setzte zum Recht des Menschen auf freie Selbstbestimmung, gab er ihm das Verfügungsrecht über sich selbst zurück, und das geschah am besten, in dem jeder gleichsam seine Geschichte selbst erzählte. So wie Schmidt durch seine ›Raster‹-Technik auf die allgemeine Kulturkrise antwortete, so tat er es durch perspektivisches Erzählen in kleinen Abschnitten.«

Stephan Reinhardt: Alfred Andersch. Eine Biographie. Zürich: Diogenes, 1990. S. 238f. –

3. Andersch über *Sansibar*

»Bienek: Herr Andersch, wie kamen Sie dazu, Ihren ersten Roman ›Sansibar oder der letzte Grund‹ zu schreiben? [...]

Andersch: Ich begann mit meiner Arbeit für den Rundfunk im Jahre 1948. ›Sansibar‹, in den Jahren 1955/56 geschrieben und 1957 erschienen, ist zwar mein erster Roman, jedoch keineswegs mein erstes Buch. Mein erstes Buch ist der autobiographische Bericht ›Die Kirschen der Freiheit‹, 1952 erschienen. Dieses Buch, dessen sich der verlegerische Außenseiter Eugen Kogon annahm, ging den übrigen deutschen Verlegern anscheinend derart auf die Nerven, daß kein einziger sich nach meinen weiteren Plänen erkundigte, als Kogons Verlag aufhörte zu bestehen, obwohl damals bereits meine Geschichtensammlung ›Geister und Leute‹ in Teilen vorlag. Immerhin rettete Eugen Claassen die ›Kirschen‹ in seinen Verlag. Aber erst im Jahre 1956 fragte mich ein schweizerischer Verleger, ob ich bereit und in der Lage sei, weiter Bücher zu schreiben. Und weil ich damals bereits ›Sansibar‹ konzipiert hatte, sagte ich, ich sei es. [...]

Bienek: Was für spezifische Eigenschaften sollte man, nach Ihrer Meinung, als Romancier haben?

Andersch: Die Fähigkeit, Ereignisse und Zustände als sinnliche Gegenstände wahrzunehmen und diese Gegenstände ohne alle symbolische, parabolische oder allegorische Absichten zu zeigen, als das ›real thing‹, das sie sind. Interesse an der menschlichen Seele. Leidenschaft zur Komposition eines Stoffes und zur Disposition eines umfangreichen Textes. Geduld.

Bienek: Ich sage Ihnen gewiß nichts Neues mit der Bemerkung, daß viele jüngere Autoren, die Ihre essayistischen Arbeiten, Ihre progressive Zeitschrift ›Texte und Zeichen‹ kannten, ein wenig enttäuscht waren, daß Sie in ›Sansibar‹ die Geschichte einer Flucht so brav hintereinander, ohne syntaktische Experimente, erzählten. [...]

Andersch: Ich kenne viele jüngere Autoren, habe aber von einer Enttäuschung über ›Sansibar‹ nichts bemerkt. [...] Wenn Sie sagen, ich erzähle in ›Sansibar‹ eine Geschichte ›brav hintereinander‹, so muß ich Ihnen offen sagen, daß ich überhaupt nicht verstehe, wovon Sie reden. Ich erzähle in ›Sansibar‹ eine Geschichte eben nicht ›brav hintereinander‹, sondern in unaufhörlich wechselnder Verschiebung der Perspektiven, bedingt durch das streng durchgehaltene Prinzip der simultanen Figurenführung. Der Eindruck der Einfachheit, den die Geschichte macht, muß also von irgendwo anders herkommen, nicht von ihrem konstruktiven Aufbau. [...]

Bienek: Nehmen wir an: den lieben Gott, der dem Helden über die Schulter blickt und alles weiß, was er denkt und tut, den Erzähler des klassischen Romans also, den gibt es nicht mehr. Was aber tritt nun an seine Stelle? [...]

Andersch: Ich denke gar nicht daran, den klassischen Erzähler abdanken zu lassen. Daß er ein Gott sei, behauptet nicht er, sondern die Leute, die ihm unterstellen, er wolle einer sein. Er ist nichts weiter als ein Mann, der an einem Tisch sitzt und Bogen weißen Papiers mit reinlichen Zeichen bedeckt, wobei ihm, wenn er Glück hat, gelegentlich etwas einfällt. Immerhin, *soviel* ist er: dieser Mann an einem Tisch, der schreibt. Er ist kein

Gott, aber er ist auch nicht gerade ein Dummkopf: er denkt an Menschen, er hat ein Thema, es fällt ihm eine Handlung dazu ein, er läßt sich von einem möglichen Schauplatz gefangennehmen. [...]
Die logische Konsequenz der Leugnung des Erzählers ist die Leugnung des Schriftstellers. Die Negation von Held, Handlung und Thema ist die Negation des Mannes, der schreibt. Es gibt eine uralte Übereinkunft zwischen dem Erzähler und seinen Zuhörern; sie besteht darin, daß die Zuhörer wissen, daß es den Erzähler gibt. Weil die Erzähler viele Lügen erzählen und weil die Zuhörer manche dieser Lügen glauben, soll nun die uralte Übereinkunft zerbrochen werden. Aber man kann nicht die Lügen der Erzähler aus der Welt schaffen, indem man eine neue, faustdicke und sehr dumme Lüge erfindet: die Behauptung, es gäbe den Erzähler gar nicht. Denn es gibt ihn. Noch der einfachste Leser weiß, daß es ihn gibt. Und noch der subtilste Leser weiß, daß es eine letzte und äußerste Realität der Literatur gibt: den Menschen, der schreibt, und den, der liest. [...]

Bienek: Herr Andersch, darf ich noch einmal auf ›Sansibar‹ zurückkommen? Wie kamen Sie zu diesem Thema?

Andersch: Durch die immer anhaltende, allmählich eine Art magische Qualität annehmende Erinnerung an eine Wanderung, die ich im Jahre 1938 an der mecklenburgischen Ostseeküste unternahm. [...]

Bienek: Zum Abschluß darf ich noch fragen: hat ein Schriftsteller die Pflicht, sich über sein Werk hinaus politisch oder sozial zu engagieren?

Andersch: Nein. Über sein Werk hinaus nicht. Er sollte es, weil politische und soziale Vorgänge auf das engste mit der Freiheit oder Unfreiheit der gesellschaftlichen Verfassung zusammenhängen, von der wiederum das Leben oder der Tod der Literatur abhängig sind. Aber verpflichtet dazu ist er nicht. Das ist eine Frage seiner persönlichen Konstitution. Auch schlage ich vor, das Werk und die politischen Äußerungen eines Schriftstellers voneinander zu trennen. Ein Schriftsteller mag eine politische Haltung einnehmen, die ich durchaus nicht schätze, so darf ich doch mein literarisches Urteil über ihn davon nicht beeinflussen lassen. Es gibt einen einzigen Grundverrat, der einem Schriftsteller niemals verziehen werden kann: wenn er sich zu politischen Entscheidungen bekennt, welche die Freiheit der Literatur einschränken. Ich bin überzeugt, daß ein Schriftsteller, solange er sich im Zustand eines solchen Verrats befindet, auch kein Werk von Rang hervorbringt. Und er muß es in Kauf nehmen, daß man ihm noch lange danach kein Wort mehr glaubt. Ich hasse die Selbstgerechtigkeit gewisser Moralisten. Ich mag die Sünder lieber als die Gerechten. Aber ich halte die Freiheit für den absoluten Kanon der Kunst.«

Horst Bienek: Alfred Andersch (1961). In: Horst Bienek: Werkstattgespräche mit Schriftstellern. München: dtv, [3]1976. S. 137–151 [Auszug]. –

»[...] zum echten Surrealisten reicht es bei mir schon deswegen nicht, weil ich fast alle meine Träume sofort nach dem Aufwachen vergesse. Nur ganz wenige von ihnen habe ich aufgeschrieben. Den Traum Helanders in *Sansibar* und die Träume Dincklages in *Winterspelt.* Wenn Freud in der *Traumdeutung* recht hat, dann sind also der Pastor Helander und der Major Dincklage diejenigen meiner Figuren, mit denen ich mich am stärksten identifiziere, denn ich lasse sie meine Träume träumen. Allerdings habe ich sie *als* Helander, *als* Dincklage geträumt, ich war Helander und Dincklage, als ich sie träumte – daran erinnere ich mich noch genau.«

Alfred Andersch: Der Seesack. Aus einer Autobiographie (1977). In: Gerd Haffmans (Hrsg.): Das Alfred Andersch Lesebuch. Zürich: Diogenes, 1979. S. 90. –

»Ueber den Gebrauch zweier Wörter in einem Roman«

1.

»in meinem roman sansibar oder der letzte grund habe ich / die wörter die anderen / an die stelle der wörter die nazis / gesetzt

jemand bezeichnet mich deshalb / als lügner

wie mir die süddeutsche zeitung berichtet / hat er vor den studenten der universität münchen / von einem katheder für poetik herab / erklärt / ich fiele damit / ins lügnerische stilisierungsprinzip

mit anderen worten ich sei / ein lügner

denn um eine methode mit einer / anderen methode zu vergleichen / hätte das wort stilisierung genügt / das epitheton lügnerisch aber / diffamiert einen mann

2.

ich möchte nicht jemandem / doch den studenten der universität münchen / von keinem katheder für poetik herab / erklären / warum ich / in meinem roman sansibar oder der letzte grund / die wörter die anderen / an die stelle der wörter die nazis / gesetzt habe

es gibt dafür / zwei gründe

3.

erstens / ich bin in baiern aufgewachsen / ich kenne das wort nazi seit meiner kindheit / in einer ganz anderen bedeutung / immer war mir die bezeichnung nazi / für die nazis / zuwider

denn nazi / das ist die abkürzung eines vornamens / des barocken vornamens ignaz / und mehr als das / es meint /

einen dummen pfiffigen lustigen knecht / aus traunstein oder trudering / der sich den schweiss wischt beim mistfahren / und sich auf die kegelbahn freut

dieser nazi / stirbt sicher bald aus doch / noch geistert er / durch die romane von ludwig thoma / die gedichte von georg britting / tief in den schönsten essays von josef hofmiller / lebt versteckt / ein bairischer nazi / ein fröhlicher gesell

es tut mir leid ich kann seinen namen / nicht gebrauchen / um die nazis zu kennzeichnen

onomatopoetisch / ist das wort nazi / für die nazis / unbrauchbar / es ist zu / gemütlich

4.

zweitens / besteht das personal meines romans sansibar oder der letzte grund / aus menschen

es treten in ihm ausschließlich menschen auf

ich bestreite den nazis das recht / menschen genannt zu werden

ich meine damit nicht den einzelnen nazi / der einzelne nazi konnte ein mensch sein / wenn er ein mensch war

das prinzip jedoch / das sich unter dem wort nazis zeigte / war aussermenschlich / die nazis das waren / die anderen

jeder wusste das / als die nazis herrschten

von stilisierung kann da gar keine rede sein / ich teile eine historische erfahrung mit / die erfahrung / dass es menschen und andere gibt

studenten der universität münchen / beurteilt danach / ob ich stilisiert / und gelogen habe im übrigen warne ich euch / vor lehrern der literatur / die namen gegen namen ausspielen / den namen alexander kluge / beispielsweise und absurd / gegen den namen rolf hochhuth / und dann rufen / der ist's / und vier wochen später / nein, der

solche lehrer sind / keine lehrer der literatur sondern / funktionäre des literaturbetriebs

der eine beweist euch / beckett sei grösser als böll / der andere / böll grösser als beckett

als ob es darauf ankäme

während es darauf ankommt / zu untersuchen / unter welchen bedingungen / seiner existenz / und seiner zeit / böll böll ist / beckett beckett

heisst das zuviel verlangen / von euren lehrern / studenten der universität münchen?«

Alfred Andersch: Ueber den Gebrauch zweier Wörter in einem Roman (unveröff., 1963/64). Zit. nach: Irene Heidelberger-Leonard / Volker Wehdeking (Hrsg.): Alfred Andersch. Opladen: Westdeutscher Verlag, 1994. S. 226–228. –

III. Andersch über Literatur und Gesellschaft

1. Autor-Biographie und Literatur

»Jeder italienische Schriftsteller besitzt, um was ihn die meisten seiner Kollegen in den westlichen Ländern beneiden: eine Heimat. Bei keinem von ihnen findet man, wenn man von dem Stolz auf die italienische Sprache absieht, nationalistische Gedanken oder Gefühle, doch immer eine selbstverständliche Liebe zu der Landschaft seiner Kindheit und zu den Menschen, unter denen er aufgewachsen ist. Man braucht das Wort Psychoanalyse nie gehört zu haben, um zu wissen, daß wir unser ganzes Leben in der Gewalt jener Erlebnisse verbringen, die uns in der Jugend ergriffen haben, und daß wir kein Milieu jemals besser kennenlernen werden als die Welt der Eltern, den Kreis der Familie, das Labyrinth der Schulwege und die Alchimie der frühen Liebe.«

Alfred Andersch: Auf den Spuren der Finzi-Conti (1967). In: Gerd Haffmans (Hrsg.): Das Alfred Andersch Lesebuch. Zürich: Diogenes, 1979. S. 263. –

»Das Allerprivateste, – so mag der Autor sich einbilden –, verliert etwas von dem peinlichen Charakter einer Beichte, wenn es einem Dritten angehängt wird, mag dessen Verkleidung noch so fadenscheinig sein. Doch ist genau das Gegenteil der Fall. Gerade das Erzählen in der dritten Person erlaubt es dem Schriftsteller, so ehrlich zu sein wie nur möglich. Es verhilft ihm dazu, Hemmungen zu überwinden, von denen er sich kaum befreien kann, wenn er sagt: Ich [...]

Noch rätselhafter wird die Wahl dieser Erzählmethode für mich, wenn ich mich daran erinnere, daß ich für andere autobiographische Stücke ohne weiteres die Form des Berichts in der ersten Person Einzahl benützt habe. *Die Kirschen der Freiheit* und *Der Seesack* sind Memoiren. Andererseits habe ich einen Roman, *Efraim,* in der Ich-Form geschrieben, und im Gegensatz zu Franz Kien ist Efraim durchaus nicht mit mir identisch, sondern ein ganz anderer, als ich es bin – darauf muß ich bestehen. Übrigens schließt jenes Buch mit der Erwägung, vielleicht sei unter allen Masken das Ich die beste. So widersprüchlich geht es zu in der Werkstatt des Schreibens.«

Alfred Andersch: Der Vater eines Mörders. Eine Schulgeschichte. Zürich: Diogenes, 1980. S. 130f. –

»Ich habe ein schlechtes Gedächtnis. Ich erinnere mich nicht an mein Leben. Ich erinnere mich an Augenblicke meines Lebens. Mein Leben verdichtet sich in Erinnerungen an Augenblicke.«

Alfred Andersch: Der Erzählte. In: Kürbiskern (1981) H. 1. S. 114. –

2. Literatur und Kunst

»[...] Die Abstraktion ist die instinktive oder bewußte Reaktion der Kunst auf die Entartung der Idee zur Ideologie. Es ist unnötig, den Prozeß dieser Entartung hier nachzuzeichnen; jedermann weiß, daß er stattgefunden hat. Als es sich immer deutlicher am Horizont des Geistes abzuzeichnen begann, daß die großen humanen und religiösen Ideen von den jeweils herrschenden Mächten zu Ideologien umgeformt wurden, als an die Stelle hoher Leitbilder, auf die der Mensch individuell und in Freiheit antworten konnte, die ideologische Gebrauchsanweisung trat, die den Menschen total umgriff, als so alle Inhalte fragwürdig wurden, weil sie sich auf gesellschaftliche Verfassungen bezogen, die von der Ideologie regiert wurden – in diesem historischen Augenblick, der geistesgeschichtlich exakt bezeichnet werden kann, gab die Kunst eine radikale Antwort, indem sie sich vom Inhalt überhaupt zurückzog. Sie zog sich auf ein Feld zurück, auf dem sie von der totalitären Ideologie gar nicht mehr angesprochen, sondern nur noch verfolgt werden konnte; sie demonstrierte den Machthabern, daß alles, was Kunst intendiert, aufrechterhalten werden kann durch die pure Organisation von Formen und Farben.

[...] Da die Gefahr des Rückfalls in ein totalitäres Gesellschaftssystem heute unverändert weiterbesteht, bleibt auch die Kunst der Abstraktion weiter aktuell. Was sich daraus ergibt, ist aber, daß die abstrakte Kunst sich insgesamt wie in jedem einzelnen ihrer Werke einen genauen gesellschaftlichen und metaphysischen Inhalt gegeben hat: abstrakte Kunst ist nicht Kunst ohne Inhalt, sondern Kunst des Aufstands gegen den zur Ideologie degradierten Inhalt in der Weise des Sich-Entziehens.

[...] Das Verhältnis von Subjekt und Objekt ist nun einmal das erkenntnistheoretische Grundproblem; es kann nicht trickhaft aus der Welt geschafft werden. Auch das Verhalten des abstrakten Künstlers ist letzten Endes das Verhalten eines erkennenden Subjektes zu einer von ihm unabhängigen, real existierenden, objektiven Außenwelt; er leugnet sie nicht, sondern er lehnt sie ab, weil sie ihm gegenwärtig als Deformation jener Wahrheit gegenübertritt, die ihm mit der Schönheit identisch ist.

[...] Es kann also die Autonomie, das Für-sich-Sein einer Welt der Kunst nicht geben. Sie ist eine von vielen Formen der Erkenntnis, freilich eine der vornehmsten. Nur indem Kunst sich auf den alles Erkennen voraussetzenden Begriff der Wahrheit bezieht, erfüllt sie die Aufgabe, die Gesellschaft geöffnet zu halten. Freiheit, die Bedingung der

Kunst, ist nur in einer die Bemühung um die Wahrheit offen haltenden Gesellschaft möglich. [...] Die Reduktion des Kunstwerks auf ein Arrangement formaler Qualitäten bewirkt heute nicht mehr als bestenfalls ein Dasein petrefaktischen Einschlusses in die großen Gesteinsschichten der Gesellschaft. Das ist es, was die Programmatiker des Formalismus verkünden: im Schweigen, im Dunkel, in der Blindheit und in der völligen Absonderung sollen die Kunstwerke ruhen – Konfigurationen eines göttlichen Kunstgewerbes. Aber Bilder und Gedichte sind keine Ammoniten. Sie sind lebendig. Unter dem Kleid der Form bewegen sie sich. Jedes vollkommene Kunstwerk ist ein gelungener Ausbruch aus der Blindheit der reinen, sich selbst genügenden Form.
[...] Die Literatur ist Arbeit an den Fragen der Epoche, auch wenn sie dabei die Epoche transzendiert.«

Alfred Andersch: Die Blindheit des Kunstwerks (1956). In: Gerd Haffmans (Hrsg.): Das Alfred Andersch Lesebuch. Zürich: Diogenes, 1979. S. 208–217. –

»Große Literatur tut etwas anderes: sie bereitet lange und langsame Entwicklungen vor, sie streut in ein paar Gedanken und ein paar Formen Samen aus, die die Welt erneuern und sie an etwas Altes erinnern: Augustinus hat das getan, Pascal, Spinoza, Marx, Kafka, ja, nehmen Sie den ›Schlag ans Hoftor‹, diese wenigen Seiten Prosa nehmen keinen Einfluß auf die Zeit, aber sie verändern die Welt.«

Alfred Andersch: In der Nacht der Giraffe (1961). In: A. A.: Geister und Leute. Zehn Geschichten. Zürich: Diogenes, 1974. S. 119. –

»Nein. Der Ausdruck des Künstlers darf nicht eingeschränkt werden. Es gibt für ihn grundsätzlich keine Grenzen.«

Kristina Bonilla: Literatur für die Middle Class. Kristina Bonilla unterhielt sich mit Alfred Andersch. In: Zürcher Woche. 13./14. Juni 1970.

»Der Künstler ist, wie jeder andere Mensch, ein biologisch, historisch, gesellschaftlich bedingtes Lebewesen; aber das Kunstwerk bedarf zu seiner Erzeugung einer fundamentalen und totalen inneren Freiheit.«

Alfred Andersch: Einige Zeichnungen. Zürich 1977. Zit. nach: Friedrich Hitzer: Fragmente zu einem großen Plan. In: Gerd Haffmans (Hrsg.): Über Alfred Andersch. Zürich: Diogenes, 1987. S. 291. – © 1974, 1980, 1987 Diogenes Verlag AG, Zürich.

3. Schriftsteller, Literatur und Engagement

»Realistische Literatur ist Literatur aus Wahrheitsliebe; die Wahrheit aber spricht immer für sich selbst, sie hat keine Tendenz und keine Predigt nötig.«

Alfred Andersch, 1947. Zit. nach: Gerd Haffmans (Hrsg.): Über Alfred Andersch. Zürich: Diogenes, [3]1987. S. 5. – © 1974, 1980, 1987 Diogenes Verlag AG, Zürich.

»Ich werde es hoffentlich stets ablehnen, Menschen überzeugen zu wollen. Man kann nur versuchen, ihnen die Möglichkeiten zu zeigen, aus denen sie wählen können. Schon das ist anmaßend genug, denn wer kennt die Möglichkeiten, die der andere hat? [...]
Dieses Buch will nichts als die Wahrheit sagen, eine ganz private und subjektive Wahrheit. Aber ich bin überzeugt,

daß jede private und subjektive Wahrheit, wenn sie nur wirklich wahr ist, zur Erkenntnis der objektiven Wahrheit beiträgt.«

Alfred Andersch: Die Kirschen der Freiheit (1952). Zürich: Diogenes, 1971. S. 71. – © 1968, 1971 Diogenes Verlag AG, Zürich.

»Es gibt die Geschichte einer künstlerischen und moralischen Stellungnahme, die, wie immer man zu ihr steht, groß genug ist, um uns alle zu interessieren und für uns alle, auch in Mitteleuropa, auf bestimmte Weise verbindlich zu sein. Vor allem weist es nach, daß man überhaupt Künstler *und* Moralist sein kann – gewiß, ich gebe zu, daß man nicht unbedingt beides zugleich zu sein braucht.«

Alfred Andersch: Nachricht über Vittorini (1959). In: A. A.: Die Blindheit des Kunstwerks. Literarische Essays und Aufsätze. Zürich: Diogenes, 1979. S. 38f. – © 1979 Diogenes Verlag AG, Zürich.

»Jeder Schriftsteller von auch nur einiger Bedeutung wird sich in seinem Werk mit den gesellschaftlichen und politischen Problemen seiner Zeit beschäftigen.«

Kristina Bonilla: Literatur für die Middle Class. Kristina Bonilla unterhielt sich mit Alfred Andersch. In: Zürcher Woche. 13./14. Juni 1970.

»Man sollte nie völlig in den Kategorien der Gesellschaft aufgehen, in der man sich befindet. Auch wenn sie einem noch so sympathisch ist. Widerspruch ist alles.«

Alfred Andersch: Cadenza Finale (1958). In: A. A.: Geister und Leute. Zehn Geschichten. Zürich: Diogenes, 1974. S. 74. – © 1974 Diogenes Verlag AG, Zürich.

»Ich mag das Wort Engagement nicht mehr, während das Wort Humanität für mich nichts von seinem Wert verloren hat.«

Alfred Andersch: Hohe Breitengrade oder Nachrichten von der Grenze (1969). Zit. nach: Friedrich Hitzer: Fragmente zu einem großen Plan. In: Gerd Haffmans (Hrsg.): Über Alfred Andersch. Zürich: Diogenes, [3]1987. S. 307. –

4. Poetik und Schreibwerkstatt

»Ich […] gab von da an der Symbolik eine aufs Maul, wenn sie sich in mir regte. Was ist denn der Symbolismus anderes als die feierliche Verkündigung des ästhetischen Bourgeois: irgendwelche Dinge symbolisieren irgend etwas? Dies bedeutet das. Es kann aber auch jenes bedeuten. So destilliert man aus dem Leben Begriffe.«

Alfred Andersch: Die Kirschen der Freiheit (1952). Zürich: Diogenes, 1971. S. 55. –

»[…] vermutlich läßt sich die gesamte Weltliteratur auf ein Dutzend Grundfabeln und die gesamte Philosophie auf ein Dutzend Grundgedanken reduzieren. […] Das ist der Grund, warum Picassos ›Guernica‹ nicht überflüssig ist, nur weil dasselbe schon einmal in Goyas ›Desastres de la Guerra‹ gezeigt wurde. Der Versuch, neue Formen zu finden (hinter denen sich das Ringen um die erneuerte Erkenntnis der Wahrheit verbirgt), schafft aber für jede Epoche ein verändertes Klima. Dieses veränderte Klima […] ist aber das, was wir als ›Moderne‹ bezeichnen. Das Moderne im Künstler ist im Grunde nichts weiter als ein Gefühl für Klimaveränderungen […].«

Alfred Andersch (Funkskript, 1953). Zit. nach: Stephan Reinhardt: Alfred Andersch. Eine Biographie. Zürich: Diogenes, 1990. S. 213. –

»Das Wesen eines erzählerischen Textes bildet ein Vorgang subjektiver Kommunikation oder kommunizierender Subjektivität. Dieser Vorgang wiederum gehorcht dem Gesetz der Logik, natürlich keiner einfachen mechanischen Logik des Handlungsablaufs, sondern einer Logik, die sich auf die gesamte gesellschaftliche und metaphysische Umgebung bezieht, in der sie sich ereignet (womit sich erklärt, daß die Logik = Wahrheit vieler literarischer Kunstwerke oft erst sehr spät einleuchtet).«

Alfred Andersch: Das Kino der Autoren (1961). Zit. nach: Alfred Andersch: Die Blindheit des Kunstwerks. Literarische Essays und Aufsätze. Zürich: Diogenes, 1979. S. 76. –

»Geschichten, so fühlte man, haben längst angefangen, ehe sie in der Erzählung beginnen, und sie hören nicht auf, sondern gehen weiter, in Zeiten und Räume hinein, über die wir nicht Herr sind. Auch können sie nicht vom Bewußtsein allein kontrolliert werden, sondern entstehen aus dem Unbewußten und verlieren sich im Unterbewußtsein. Unser Leben, das Leben jedes Einzelnen und das Leben der Kollektive, – und ich benutze hier einen Ausdruck aus der Phänomenologie von Wilhelm Schapp –, ist ein in Geschichten verstricktes Leben, in Geschichten ohne Anfang und Ende, mit Horizont nach allen Seiten. Ich spreche nicht von Weltgeschichte als Historie, diese ist nur *ein* Aspekt jenes unentwirrbaren Knäuels von Erzählungen, in den wir verstrickt sind. Aber gerade weil das so ist, gewinnt die Erzählung ihre volle Bedeutung zurück. Sie ist der Spiegel der Existenz. [...]
Keine Schilderung eines historischen Prozesses, keine Erklärung des Ineinanderwirkens ökonomischer Faktoren, keine psychoanalytische Fallstudie, und hiessen ihre Autoren Ranke, Marx oder Freud, kann liefern, was die Literatur allein, und eigentlich ganz absichtslos, einfach da-

durch, daß sie Literatur ist, liefert – indem sie nämlich erzählt und Gestalten erscheinen läßt. Nur in ihr erscheint der Mensch nicht als Addition aus geschichtlichen, wirtschaftlichen und psychologischen Faktoren, ja nichteinmal als ihre Synthese, sondern – nun ja: total. In seinem ganzen Sein.«

Alfred Andersch: Bücher schreiben und Filme machen – zwei Berufe in einem Boot (1977). Zit. nach: Volker Wehdeking: Alfred Anderschs Leben und Werk aus der Sicht der neunziger Jahre: Eine Problemskizze. In: Irene Heidelberger-Leonard / Volker Wehdeking (Hrsg.): Alfred Andersch. Opladen: Westdeutscher Verlag, 1994. S. 21. – Mit Genehmigung der Diogenes Verlag AG, Zürich.

»Auch in einem erzählerischen Buch gehe ich nicht von konkreten philosophischen oder politischen Problemen aus, sondern von Stimmungen, Menschen, Situationen. Ich versuche die Probleme, die sich aus den Beziehungen zwischen Menschen ergeben, in die Handlungen zu integrieren.«

Kristina Bonilla: Literatur für die Middle Class. Kristina Bonilla unterhielt sich mit Alfred Andersch. In: Zürcher Woche. 13./14. Juni 1970.

»Transposition von Analyse in Erzählung; die Erzählung ist ebenso wahr wie die Analyse, doch reicher an Bedeutungen; die Erzählung legt nicht fest, sondern plaziert die Fest-Stellung in einen Spiel-Raum; die Erzählung gibt keine Antworten, sondern stellt Fragen – lauter alte Kamellen oder Bauernregeln, an die man sich beim Schreiben aber fortwährend erinnern muß.«

Alfred Andersch: Mein Verschwinden in Providence (1971). Zürich: Diogenes, 1979. S. 255. – © 1971, 1979 Diogenes Verlag AG, Zürich.

»Weil mich eigentlich nichts interessiert als Sachen Dinge – im weitesten Sinne natürlich, auch der Mensch ist ein Ding –, habe ich in meinem Erzählungsband ›Mein Verschwinden in Providence‹ zwei Sätze eines walisischen Literaturgelehrten als Motto vorangestellt: ›Art ist not about abstractions or ultimate issues or infinity or eternity. Art is about buttons.‹
[...] Daher meine Vorliebe für die Beschreibung. Über die Jahre hinweg habe ich mich den großen beschreibenden Texten genähert. In der dichterischen Beschreibung wird die Welt zum Phänomen. Das Phänomenale unterscheidet die dichterische Beschreibung vom Sachbuch. Es gibt nur eine Literaturform, die an Bedeutung die Beschreibung überragt: die Erzählung. [...] Aus irgendwelchen Gründen sind gute Beschreibungen stets meine Lieblingslektüre gewesen. Die Beziehung eines Schriftstellers zu einer Sache hat mich stets stärker interessiert als seine Ideen, seine Weltanschauung.«

Alfred Andersch: Mein Lesebuch (1977). Frankfurt a. M.: S. Fischer, 1978. S. 8. –

5. Religion und Philosophie

»[...] kann man noch das Wort des Orest in den *Fliegen*: ›Der feigste aller Mörder ist der, der bereut‹, mit dem Vorwurf des Nihilismus belasten, nachdem man der Erzählung des Orest über Korinth gelauscht hat, jener Schilderung eines wahrhaft humanen Seins, aus dessen stillem Grund seine Tat erwächst? Oder man mag sich fragen, warum der spanische Revolutionär in Sartres Novelle *Die Wand* vor die Entscheidung gestellt, ob er einen Kameraden verraten oder nicht verraten soll, sich zum Schweigen entschließt, *obwohl* er vorher alle ethischen Zwecke und Zielsetzungen in sich ausgelöscht hat. Man wird nicht mehr fragen. Man wird dann einsehen, warum der große französische Dichter und ›Mode‹-Philosoph einer Abhandlung, die sich mit (allzu) nahe liegenden Mißverständnissen seines Werks befaßt, die Überschrift gab: ›Der Existentialismus ist ein Humanismus.‹«

Alfred Andersch: Die Existenz und die objektiven Werte (1947). Zit. nach: Volker Wehdeking: Der Nullpunkt. Über die Konstituierung der deutschen Nachkriegsliteratur (1945–1948) in den amerikanischen Kriegsgefangenenlagern. Stuttgart: Metzler, 1971. S. 98. – Mit Genehmigung der Diogenes Verlag AG, Zürich.

»Ich habe damals, wie ich schon sagte, nicht an den Eid gedacht. Aber dunkel habe ich gewußt, daß kein Eid sich zwischen Gott und mich stellen konnte.
[Ich gebe zu, daß man auch in der Gemeinschaft der Gläubigen zu Gott sprechen kann. Es gab aber keine solche Gemeinschaft mehr. Die Kirche war ein leeres Haus, und um Gott zu treffen, mußte man von den Häusern fortgehen: in die Wildnis. Selbstverständlich meine ich damit nicht, daß man Gott im Wald anbeten solle. Ich bin kein Naturschwärmer. Ich meine damit die Alleingänge in die Wildnis Gottes, die selbst eine lebendige Kirche dem Gläubigen nicht ersparen kann.]
Ich war unmittelbar zu Gott. Wie alle Menschen hatte ich das ewige Menschenrecht, gegen alles zu protestieren, was sich zwischen Gott und mich drängen wollte. Der Geist der alten protestantischen Revolutionäre, die meine Vorfahren waren, hat mich jederzeit erfüllt.«

Alfred Andersch: Die Kirschen der Freiheit (1952). Zürich: Diogenes, 1971. S. 75. –

»Aus dem Nu der Freiheit – ich wiederhole: niemals kann Freiheit in unserem Leben länger dauern als ein paar Atemzüge lang, aber für sie leben wir –, aus ihm allein gewinnen wir die Härte des Bewußtseins, die sich gegen das Schicksal wendet und neues Schicksal setzt. [...]
Die Kunst und der Kampf des Menschen gegen das Schicksal vollziehen sich in Akten der absoluten, verantwortungslosen, Gott und dem Nichts sich anheimgebenden Freiheit.«

Ebd. S. 126f. –

»Wer mich kennt, weiß, daß ich nicht an die Vorsehung, an das sogenannte Schicksal glaube, sondern hartnäckig die Ansicht vertrete, das Leben jedes Menschen sei eine Mischung aus Determiniertheit und Zufall.«

Alfred Andersch: Mein Verschwinden in Providence (1971). Zürich: Diogenes, 1979. S. 248. –

»Es war ja auch Hochstapelei gewesen, über Sartre zu schreiben, obwohl ich damals von ihm nichts gelesen hatte als *Die Fliegen*, *Die Mauer* und *Ist der Existentialismus ein Humanismus?*. Aber ich hatte den Eindruck, mit ihm käme etwas Neues. [...]
Sartre lesend empfand ich das Gefühl von einer herannahenden Veränderung. Ihr Wesen konnte ich nicht erkennen. Aber wie habe ich, den dritten Akt der *Fliegen* lesend, darum gebangt, daß Sartre in ihm die Tat des Orest zurücknehmen würde, daß Orest überwältigt würde von den göttlichen Argumenten Jupiters, von der unmenschlichen Gewalt der objektiven Ideen! Die Geheimschrift im Inneren der Texte Sartres – sie ist schwer zu dechiffrieren.«

Alfred Andersch: Der Seesack (1977). In: Gerd Haffmans (Hrsg.): Das Alfred Andersch Lesebuch. Zürich: Diogenes, 1979. S. 97. –

»Schützt Humanismus denn vor gar nichts? Die Frage ist geeignet, einen in Verzweiflung zu stürzen.«

Alfred Andersch: Der Vater eines Mörders. Eine Schulgeschichte. Zürich: Diogenes: 1980. S. 136. –

6. Ideologie, Politik und Kunst

»Was von der Kommunistischen Partei übrigblieb, das waren einige wenige aus der Elite und die ›Apparatschiks‹. Die wenigen fielen in Spanien und – Gott sei's geklagt, denn es gibt niemanden, bei dem man sonst klagen könnte – in Rußland. So haben sie die Kommunistische Partei verdorben und sie aus einer Partei der Freiheit und der Revolution zu einer Partei der Apparatschiks, des Glaubens an einen Führer und der faschistischen Kampfmethoden gemacht. Das war freilich nur möglich, weil die Partei schon vorher eine Lehre angenommen hatte, welche die Freiheit des Menschen, zu wählen, leugnete. Aber sie erst haben durch ihren Terror dieser falschen Lehre eine scheinbare Wahrheit verliehen, so daß die Lebendigen in der Partei sich dem Terror des Dogmas beugen mußten.«

Alfred Andersch: Die Kirschen der Freiheit (1952). Zürich: Diogenes, 1971. S. 72f. –

»Ich haßte die Arbeit, die mich jeden Morgen um acht Uhr vor den Kontenrahmen einer Verlagsbuchhandlung zwang, und ich ignorierte die Gesellschaft, die sich rings um mich als Organisationsform den totalen Staat errichtete. Der Ausweg, den ich wählte, hieß Kunst. [...] Ich antwortete auf den totalen Staat mit der totalen Introversion.

Das war im Sinne Kierkegaards die ästhetische Existenz,

marxistisch verstanden der Rückfall ins Kleinbürgertum, psychoanalysiert eine Krankheit als Folge des traumatischen Schocks, den der faschistische Staat bei mir erzeugt hatte. Nachträgliche Erklärungen sind niemals stichhaltig.«

Ebd. S. 45f. –

»Eben das finde ich so fürchterlich, daß diese großen Systeme, die sich gegenüberstehen, zu Ideologien pervertiert sind. Daß der Kommunismus mit einem geschlossenen ideologischen System antritt, auch der Kapitalismus in gewisser Weise. Ich kann es auf die Formel bringen: Ich mag den Kommunismus nicht, ich mag den Kapitalismus nicht, ich finde nirgends eine Partei, die mich vom Stuhl reißt, um mich für sie zu engagieren. Also was soll ich tun? Ich weiß es nicht.«

Hans Vetter: Kirschen der Freiheit. Ein Gespräch mit A. Andersch. In: Kölner Stadtanzeiger. 2. Oktober 1971. Zit. nach: Stephan Reinhardt: Alfred Andersch. Eine Biographie. Zürich: Diogenes, 1990. S. 489f. –

IV. Dokumente zur Wirkungsgeschichte und zum Kontext

1. Texte zur Rezeption

Von den Rezensionen, die im Erscheinungsjahr des Romans *Sansibar* 1957 erschienen sind, bis zu den aktuellen wissenschaftlichen Reaktionen werden drei Aspekte als wesentliche Merkmale des Romans hervorgehoben. Die Verfasser der Stellungnahmen verweisen übereinstimmend auf das spezifisch zeitgeschichtliche und grundsätzlich politische Anliegen, auf den engen Zusammenhang von Figurenkonstellation und Handlungsstruktur sowie auf die ethisch-moralischen Dimensionen, die das verantwortliche Handeln des Individuums in Freiheit zu bestimmen haben.
Helmut Heissenbüttel erläutert 1957, dass es sich zum einen »um die Geschichte eines Widerstandes gegen das nationalsozialistische Regime« handele, zum andern auch um eine Darstellung menschlich vorbildlicher Haltung und Handlung. Es ist ein »politischer Roman«, also:

»eine Mahnung an das, was allzu schnell vergessen worden ist. Ein politischer Roman – aber was heißt Politik? Heißt das Parteipolitik, Widerstand gegen das faschistische Regierungssystem, Politik von Staaten und Regierungen untereinander? Oder hat Politik die Sorge um ein menschenwürdiges, gerechtes Zusammenleben der Menschen ohne Zwang, Terror und Unterdrückung zum Inhalt? Das Regime, das das Geschehen auslöst, erscheint in dem Roman (abgesehen von den schwarzen Limousinen und den gesichtslosen Gestapouniformen am Schluß) nicht selber, es wird deutlich in den Wirkungen, die es in einer kleinen, typischen menschlichen Gemeinschaft, in einer kleinen Gruppe von Betroffenen ausübt. Es wird sichtbar als etwas, das die Mitglieder menschlicher Gesellschaft ausweglos zu Mitläufern oder Feinden, Opponenten und Opfern degradiert. In dieser Degradierung verödet das Leben des einzelnen wie der Gesellschaft. [...] Dadurch aber, daß nur der Abdruck des Regimes auf die noch nicht Infizierten geschildert wird, zeigt sich etwas, das durch die äußere politische Ebene hindurchgreift auf etwas, was dahinter liegt. [...] Denn die Abstraktion des Menschlichen, die als das eigentlich Verderbliche sichtbar wird, zeigt sich ebenso wie in der Vergewaltigung durch Regime und Partei in der Überwältigung durch das Handlungsschema.«

Helmut Heißenbüttel: Vom letzten Grund der Politik. In: Frankfurter Hefte 12 (1957) H. 12. S. 889 f. – Mit Genehmigung von Ida Heißenbüttel, Hamburg.

Die von Heißenbüttel benannte Autorabsicht, die auch auf eine ideologiekritische Auseinandersetzung mit NS-Staat und individuellem Widerstand ziele, schärft Arno Schmidt im selben Jahr 1957 schon mit der Überschrift seiner Buchbesprechung zu »Das Land, aus dem man flüchtet«. Für ihn ist die zeitgeschichtliche Bindung des Romans zugleich eine Reaktion auf die ihm repressiv erscheinenden Verhältnisse in der Bundesrepublik Deutschland: 1955 Beschluss der Londoner Neunmächtekonferenz über die Souveränität der Bundesrepublik Deutschland und ihr Beitritt zur NATO, 1956 Verbot der KPD, 1957 parlamentarische Diskussion über die atomare Bewaffnung der Bundeswehr, bis in die 1960er Jahre staatlich kontrollierte Kulturpolitik nach den konservativen Leitvorstellungen der Bundesregierung.
»Folglich«, meint Schmidt doppelsinnig, »ist für alle die Sechs kein Platz in Deutschland!«

»Und – nicht nur der Klügere gibt ja nach –: sie alle verlassen das strotzend stapellaufende Schiff!

Es geht die frische wertvolle Abenteuerlust in Gestalt des Jungen.
Es geht – in den Freitod – der Pfarrer Helander; weil sein Gott versagt hat.
Es geht der arbeitsam derbe Fischer, dem man die Frau wegbiologisieren will.
Es geht der kalt-wilde hoffnungsvolle Intellekt Gregors.
Es geht die Schönheit Judiths.
Es gehen Kunst und Wissenschaft, unverhüllt verkörpert im Bild des Lesenden. – Was übrig bleibt, ist Deutschland, das-Land-aus-dem-man flüchtet.
Nichts zu sagen von den eingehend beschriebenen Techniken erzwungen-vorbedachter Emigration: wie nachdenklich, daß ein solches Buch gerade heute erscheint.
Wie aufschlußreich!
Denn – trommeln wir doch nicht auf unsere Brüste, sondern schlagen wir daran! –: auch bei uns ist wieder die KPD verboten. Auch bei uns werden schon wieder jüdische Friedhöfe geschändet. Auch bei uns geht allenthalben wieder ›Uniformiertes Fleisch‹ um. Auch ›uns‹ gilt – man sei doch ehrlich – Barlach oder Expressionismus längst wieder als ›entartete Kunst‹!
[...]
Eine sachlich unwiderlegbare Anklage gegen Deutschland. [...] Ein Mißtrauensvotum ersten Ranges gegen unser behäbig-aufgeblasenes ›Volk der Mitte‹.«

Arno Schmidt: Das Land, aus dem man flüchtet. In: Die andere Zeitung. Hamburg. 24. Oktober 1957. – Mit Genehmigung der Arno Schmidt Stiftung, Bargfeld.

Der von der Kritik immer wieder herausgestellten engen Bindung der Romanhandlung an die geschichtlichen Umstände des NS-Staates hält Marcel Reich-Ranicki die eigentliche »philosophische« Absicht des Verfassers entgegen, denn »mit der Historie habe dieser Roman nichts zu tun«.

»Die Realität in Deutschland vom Jahre 1937 ist – sofern sie überhaupt angedeutet wird – im Grunde nur der epische Vorwand. Gewiß, Andersch bemüht sich, mit der Wirklichkeit jener Zeit, mit der Wahrscheinlichkeit nicht in Widerspruch zu geraten. Aber nicht zufällig vermeidet er die zeitbedingte politische Terminologie, läßt er keine Nationalsozialisten auftreten und bezeichnet sie stets nur als ›die Anderen‹. Denn der Nationalsozialismus wird in diesem Roman nicht als konkreter politischer Faktor behandelt, sondern fungiert als anonyme Macht der totalen Bedrohung des Menschen, als Sinnbild der Tyrannei.
Das ›Dritte Reich‹ bietet also lediglich die extreme Situation, die Andersch braucht, um seine Gestalten Entscheidungen entgegenführen zu können, welche die letzten Fragen betreffen. Schon daraus geht hervor, daß in dem Buch nicht die gesellschaftskritische, sondern die philosophische Absicht dominiert, und daß seine Problematik nicht in politischen, sondern vor allem in moralischen Kategorien zu finden ist. [...]
Was bleibt also? Die Vision des freien Menschen, der kritisch seine Umwelt betrachtet und sich von Ideologien und Doktrinen nicht versklaven läßt? Und die strenge, freilich auch sehr allgemeine Forderung, die Welt in nüchternem Licht zu sehen und alles neu zu prüfen? Nicht nur. So entschieden Anderschs Absage an die ideologischen Systeme mit ihren Programmen und Maßstäben ist, so stark ist sein Glauben an die einfache menschliche Anständigkeit, an den moralischen Instinkt des Individuums.«

Marcel Reich-Ranicki: Alfred Andersch, ein geschlagener Revolutionär. In: M. R.-R.: Deutsche Literatur in Ost und West. München: dtv, 3., neu durchges. Aufl. 2002. S. 125, 130. – Mit Genehmigung von Marcel Reich-Ranicki, Frankfurt am Main.

Peter Demetz präzisiert in seiner Stellungnahme das, was Reich-Ranicki als das eigentliche Anliegen des Romans mit »philosophischer Absicht« und »moralischem Instinkt« umschrieben hat. Für ihn ist »Anderschs *Sansibar*« philosophischer gestimmt, als es beim ersten Lesen den Anschein haben mag:

»und der zweite Teil des Buchtitels – ›oder der letzte Grund‹ – weist mit Nachdruck darauf hin, daß hier Fragen aufgeworfen werden, die ihren eigentlichen Ort eher in der Metaphysik oder in der Lehre von der Ethik haben als in einer spannenden Erzählung vom Gerade-Noch-Entkommen.
Als Schriftsteller steht Andersch im Widerstand gegen jedwede Idee des Determinismus, d.h. gegen jede Anschauung vom Menschen, die auf seinen Begrenzungen, Bedingungen und Unterwerfungen besteht und nicht auf seiner Fähigkeit, sich von Ursachen zu lösen und frei für sich zu entscheiden. Die Bösen, in seiner Welt, das sind immer diejenigen, die sagen, daß der Mensch einem blinden Gedankensystem oder einer Parteiorganisation ganz und gar unterworfen ist; die Guten sind jene, die den Glauben daran nicht aufgeben wollen, daß der Mensch selbst für seinen Lebensweg durch die Geschichte seine Verantwortung trägt (heute sprechen wir vom Gedanken der Emanzipation). Andersch sieht das Zentrum der Welt weder in der mächtigen Materie noch im abstrakten Geist, sondern im Willen des einzelnen, der seine Wahl trifft; Gregor lehnt den Determinismus seiner einstigen Partei ebenso ab wie Pastor Helander die Psychoanalyse, die in den ›Vorhof der Seele‹, nicht aber in die Seele selbst reichen mag.«

Peter Demetz: Alfred Andersch – *Sansibar oder der letzte Grund*. In: Zu Alfred Andersch. Hrsg. von Volker Wehdeking. Stuttgart: Klett, 1983. S. 26.

Von dem angenommenen Widerspruch zwischen der Lebensführung des Autors im Dritten Reich sowie während des Zweiten Weltkriegs und der erzählerischen Umsetzung im Roman *Sansibar* wird die so genannte Andersch-Kontroverse (vgl. S. 121–126) der Jahre 1989–90 ausgelöst. Grundlage dafür sind auch die Beobachtungen von Irene Heidelberger-Leonard, die die politisch-ethische Dimension des Romans als literarästhetische Transformation der besonderen Lebenserfahrungen des Autors deutet.

»Was bisher ausdrücklich in autobiographischer Fiktion (Kein-Erzählungen) und Bericht (*Kirschen der Freiheit, Drei Phasen, Mein Verschwinden in Providence*) erörtert wurde, findet in Anderschs *Sansibar oder der letzte Grund* (1957) seinen ersten Niederschlag als Roman. Es geht um das Thema, das Andersch wie kein anderes auf den Nägeln brennt und dem er sein ganzes Werk hindurch immer neue Varianten zu entlocken vermag: um Aufbruch, Verschwinden, Untertauchen, ja, um das Erlebnis der Flucht; aber eine Flucht wie in den *Kirschen* – und daran muß immer wieder erinnert werden, denn wie oft wird sie als Eskapismus, als feige Lossagung, als quietistisches Aussteigen interpretiert –, die als Auftakt zu einer neuen Entscheidung führt, also eine aktivierende Flucht, die in der befreienden Tat gipfelt. Denn mit bloßem ›Wegsein‹, wie etwa in *Mein Verschwinden in Providence,* ist es nicht getan; soviel weiß schon der Junge in *Sansibar,* nämlich, daß man ›irgendwohin ankommen mußte‹. Mit dem Bekenntnis in den *Kirschen,* daß sein Buch lediglich die Aufgabe habe, einen bestimmten Augenblick der Tat darzustellen, die seinem Leben einen Sinn verliehen hat und von da an zur Achse wurde, setzt Andersch unmißverständlich die Schwerpunkte, die sein künftiges literarisches Schaffen bestimmen sollten. Auch *Sansibar* stellt einen bestimmten Augenblick der Tat dar, zu der *Der lesen-*

de Klosterschüler kraft seines ›antizipierenden Bewußtseins‹ als Modell den Weg weist.«

Irene Heidelberger-Leonard: Alfred Andersch: Die ästhetische Position als politisches Gewissen. Zu den Wechselbeziehungen zwischen Kunst und Wirklichkeit in den Romanen. Frankfurt a. M. [u. a.]: Lang, 1968. S. 77. – Mit Genehmigung von Irene Heidelberger-Leonard, Brüssel.

Walter Hinderers Interpretation erläutert die Korrespondenz von thematischer und erzählerischer Geschlossenheit des Romans. Wesentliche Umstände dafür sind der Handlungsaufbau, die Figurenkonstellation, Perspektivenwechsel und Erzählhaltung.

»Daß die im Roman vorgestellten Figuren Einzelgänger sind, macht schon die Segmentierung in 37 Abschnitte deutlich, in denen die Abschnitte des Jungen mit allen anderen ständig alterieren. Die Personen werden der Reihe nach vorgestellt, bis Andersch nach dem 12. Segment die monologische Darstellungsweise um dialogische (Helander/Knudsen, Knudsen/Gregor, Judith/Gregor) und tetralogische (Helander/Knudsen/Gregor, Judith/Gregor/Knudsen, Judith/Gregor/Helander) Konfigurationen und Kontrastierungen erweitert. Das bedeutet freilich nicht, daß die subjektive Wirklichkeitserfahrung in irgendeiner Weise aufgehoben ist. Vielmehr werden die in den Segmenten angedeuteten Oppositionen und Dichotomien, die im Roman indirekt aufeinander bezogen werden, nun einander direkt gegenübergestellt. Schritt für Schritt knüpft der Erzähler auf diese Weise ›ein Netz von Beziehungen‹, das schließlich zur privaten Aktion führt. [...]
Die durchaus konventionelle auktoriale Erzählhaltung wird insofern differenziert, als Andersch einen dauernden Perspektivenwechsel vornimmt und Realität im Text immer als eine von den jeweiligen Figuren verschieden erfahrene und segmentierte Wirklichkeit darstellt. Trotz der

Stilisierung nach dem Modell eines klassizistischen Dramas und den drei Einheiten von Ort, Zeit und Handlung werden die vorgestellten Perspektiven, Wahrnehmungen und Ansichten weder idealisiert noch kritisch beurteilt, sondern kommentarlos aufeinander bezogen. Die auktoriale Erzählhaltung steht gewissermaßen im Dienst der personalen Perspektivierung, welche subjektive Wirklichkeitserfahrungen gegeneinander stellt, die nur im Sinnzusammenhang der privaten Aktion aufgehoben zu sein scheinen.«

Walter Hinderer: Alfred Andersch: *Sansibar oder der letzte Grund*. In: Interpretationen. Romane des 20. Jahrhunderts. Bd. 2. Stuttgart: Reclam, 1993. S. 69f.

2. Die so genannte »Andersch-Kontroverse«

In die seit 1989/90 geführte Diskussion über die Zusammenhänge von Literatur als Kunstwerk und historisch-politisch engagiertem Gebrauchstext, von literarisch funktionalisierter Gesinnungsästhetik, Autorbiographie und Zeitgeistorientierung, von wissenschaftlicher Hermeneutik und biographistischer Werkanalyse ist auch Alfred Andersch einbezogen worden. Ausgelöst haben die Kontroverse der Andersch-Biograph Stephan Reinhardt (1990) und der Germanist Winfried G. Sebald (1993).

»Ist Andersch nun einer der bedeutendsten Autoren der Nachkriegsjahrzehnte, wie inzwischen, der teilweise sehr scharfen Tageskritik zum Trotz, allgemein angenommen wird, oder ist er es nicht? Und wenn er es nicht ist, welcher Art war sein Versagen? Handelte es sich bei den Mängeln in seinem Werk nur um gelegentliche stilistische Entgleisungen, oder sind diese die Symptome einer tieferliegenden *malaise*? [...]
Anderschs erster regelrechter Roman nach dem autobiographischen Bericht *Kirschen der Freiheit* war das Buch

Sansibar oder der letzte Grund, das freilich, bei genauerem Zusehen, ebenfalls sich erweist als ein Stück umgeschriebene Lebensgeschichte, und zwar als jenes, das in *Kirschen der Freiheit* ausgespart war. Das zentrale Paar (Gregor und Judith) in der Figurenkonstellation des Textes entspricht zweifellos dem realen Paar Alfred Andersch und Angelika Albert. Die Differenz besteht darin, daß Andersch aus Gregor den geheimen Helden macht, der er selber nie gewesen ist, und daß Judith nicht verlassen, sondern von Gregor gerettet und ins Exil gebracht wird, auch wenn sie – ›ein verwöhntes junges Mädchen aus reichem jüdischem Haus‹ – das so ganz nicht verdient. Kaum etwas läßt sich schwerer verleugnen als Ressentiment. [...]
Neben der verhinderten Liebesgeschichte steht das politische Dégagement Gregors im Zentrum der Erzählung *Sansibar.* Die Stunde der Wahrheit kam für den jungen Helden vor ein paar Jahren, als er als Gast an einem Manöver der Roten Armee teilnahm [...]. Man darf annehmen, daß dieses aufwendige Wortgemälde das Aufgehen der Schönheit der Welt vor den Augen eines bisher mit Blindheit geschlagenen Menschen zum Gegenstand hat. Weiter wird man schließen müssen, daß ein derartig überwältigendes Erlebnis im System des Textes gleichzusetzen ist mit der Offenbarung einer höheren Wahrheit, die das bisherige Leben des Helden (hier also sein politisches Engagement) desavouiert. Es wäre töricht abzustreiten, daß dergleichen Epiphanien in der Literatur gültig gestaltet worden sind. Aber es ist eine Sache, wenn die Worte tatsächlich abheben von der Erde, und eine andere, wenn sie, wie in der hier zitierten Stelle, mit ausgesuchten Adjektiven, Farbnuancen, Talmiglanz und sonstigem billigen Zierat aufs geschmackloseste überfrachtet sind. Wenn ein moralisch kompromittierter Autor den Bereich der Ästhetik als wertfrei reklamiert, sollte das seinen Lesern zu denken geben. [...]
Der Versuch der inneren Emigration, das moralische Defi-

zit durch einen symbolischen Widerstand in der Kunst auszugleichen, ist von Andersch in *Winterspelt* ähnlich wie zuvor bereits in *Sansibar* umgeschrieben worden in die Fabel von der Herüberrettung verfemter Kunstwerke ins Exil. Fragwürdig scheint es mir, ob man über solche retrospektiven Fiktionen sagen kann, sie summierten sich zu einer Ästhetik des Widerstands.
[...] Andersch war, im Grunde, stets ein Mann der Etappe. Logischerweise ist er darum zu Beginn der siebziger Jahre auch Schweizer geworden, obgleich er das nicht unbedingt nötig gehabt hätte. Daß er zudem im Verlaufe seiner Einschweizerung sich auf mehrere Jahre mit seinem Tessiner Hausnachbarn Max Frisch überwarf, weil er sich von ihm nicht gebührend in seinem Betreiben unterstützt, ja sogar diffamiert fühlte – Frisch hatte an irgendeiner Stelle geschrieben: ›Er schätzt die Schweiz; sie beschäftigt ihn nicht.‹ – das gibt einen Einblick mehr in ein von Ehrgeiz, Selbstsucht, Ressentiment und Ranküne geplagtes Innenleben. Das literarische Werk ist der Mantel, in den dieses sich hüllt. Aber das mindere Futter schaut überall durch.«

Winfried G. Sebald: Der Schriftsteller Andersch. In: W. G. S.: Luftkrieg und Literatur. München/Wien: Hanser, 1999. S. 128, 145, 146–148, 158–160. –

»Wenn W. G. Sebald in seinem Lettre-Artikel, sich auf die Jahre des 3. Reiches beziehend, vom Changieren zwischen ›Kompromißbereitschaft und Opposition‹ bei Andersch spricht, hat er sicher recht. Sebalds Kritik verfehlt Andersch aber, wenn er erklärt, dessen literarische Produktion der Nachkriegsjahre habe nur einem gedient: nämlich der ›Transubstantiation von Schuld bzw. Mitschuld in Schuldfreiheit‹. Ist ihr innerer Beweggrund nicht viel eher der: sich die Schuld, mitverstrickt gewesen zu sein in die Spielregeln der NS-Diktatur, bewußt zu machen und dadurch einer möglichen Wiederkehr der Vergangenheit den Boden

zu entziehen? Literatur wird, auf dem Hintergrund so bitterer privater und so katastrophaler Erfahrungen wie der des Holocaust, für Andersch zu einer Form des ›Kampfes gegen das Schicksal‹. Sie birgt die Chance, wenigstens in der Vorstellung, in der Fiktion auszubrechen aus unerträglichen Verhältnissen, sich zu befreien von Irrtümern, Schuld zu benennen und damit vielleicht erträglicher zu machen. Literatur birgt die Möglichkeit, zur Wirklichkeit das Mögliche hinzuzuerfinden, Alternativen durchzuspielen, Geschichte und schuldhaft erfahrene Lebensgeschichte zu korrigieren. In diesem Sinne ist manches von Andersch gleichsam umgeschriebene Lebensgeschichte. In der Rettung der Jüdin Judith in *Sansibar oder der letzte Grund* aus der Nazidiktatur des Jahres 1937 klingt sein eigenes Verhalten an, nämlich daß er selbst 1943 Frau und Tochter einem ungewissen Schicksal überlassen hat [...].
Anderschs Engagement schloß die Verpflichtung ein zur Verteidigung des von allen Seiten bedrängten Individuums [...].
[...] War Subjektivität, zumal wenn sie nichts mehr vorschützte, nicht ein Mittel und Weg, sich der Wahrheit zu nähern? Bestand die Stärke von Intellektuellen wie Sartre und Jean Améry nicht gerade darin, daß sie das vermeintlich Objektive an ihren Erfahrungen maßen, Theorie an subjektiven Erlebnissen überprüften, kurz: daß sie von Erfahrungen erzählten und damit auch Bilder und Geschichten? Und war das nicht eine enorme Möglichkeit des Menschen: Literatur konnte zur Wirklichkeit das Mögliche hinzuerfinden, auf Probe handeln, Alternativen durchspielen? Nein, das Ich durfte nicht zum Verschwinden, es mußte vielmehr ›in Fahrt‹ gebracht werden.«

Stephan Reinhardt: Ästhetik als Widerstand – Andersch als Bürger und engagierter Schriftsteller. In: Irene Heidelberger-Leonard / Volker Wehdeking (Hrsg.): Alfred Andersch. Opladen: Westdeutscher Verlag, 1994. S. 35, 37 f. – Mit Genehmigung von Volker Wehdeking, Stuttgart.

»Mit Stephan Reinhardts Biographie wird eine kritische Wiederlektüre, die notwendigerweise auch eine Überprüfung der eigenen Lesarten beinhaltet, unerläßlich. Und so stellt sich dem geschärften Blick die Frage noch einmal: Wie hat Andersch es, jenseits seiner Selbstdarstellungen, *wirklich* mit dem Nationalsozialismus gehalten? Welches *Bewußtsein* spricht aus seinen frühen politischen Schriften? Erst wenn wir die intellektuellen Voraussetzungen zu seinen Positionen ermittelt haben, läßt sich die Frage nach der Genese der Darstellung seiner jüdischen Protagonisten beantworten. Und schließlich: Wie stellt sich ihm das Problem Juden und insbesondere das Problem Juden in Deutschland? Wie ist der Schriftsteller mit dem Problem Auschwitz literarisch umgegangen? Ist die ursprüngliche Auffassung von Anderschs Werk als eine ›Ästhetik des Widerstands‹ ante Peter Weiss nun grundsätzlich zu verwerfen, oder ist sie nur punktuell korrekturbedürftig geworden? [...]
Auf den ersten Blick scheint schon ›Sansibar oder der letzte Grund‹ eine Alternative zu entwerfen, wo der freie Wille den Prozeß der Geschichte erfolgreich zu umgehen weiß, denn hier, im Gegensatz zu ›Biologie und Tennis‹, gelingt die Widerstandsaktion: Indem Gregor aus der Geschichte aussteigt, ›macht er selbst Geschichte‹, und die Jüdin verdankt seiner Aktion ihre Rettung. Geprägt vom Sartreschen Existentialismus findet der Deserteur aus den ›Kirschen der Freiheit‹ in Gregor sein fiktionales Pendant. Die Tat, die im ersten Roman vollzogen wird, ist eine Tat jenseits der Fahnen, eine Tat, die sich nur vor dem eigenen Gewissen zu verantworten hat. So wird Gregor, der ›Partisan neuen Typs‹, zum engagierten Held des Desengagements. Ein zweiter Blick zeigt aber, daß die Konstellation – vom positiven Endergebnis abgesehen – so verschieden nicht ist. Denn auch der Sansibar-Roman, dessen Handlung ebenfalls Ende der dreißiger Jahre spielt, zeichnet sich durch die Abwesenheit von Antisemiten und Nazis

aus. Auch hier sind die agierenden Personen Deutsche, wieder einmal vorbildliche Deutsche, die alle bereit sind, ihr eigenes Leben zu riskieren, um die Jüdin in Sicherheit zu bringen. [...]
Das *happy end* von Sansibar dagegen, wo moralischer Mut, das ›Gute‹ also, über das numinose ›Böse‹ relativ reibungslos triumphiert, macht aus diesem Roman zwar ein wundervolles christliches Märchen, aber von einer ernsthaften ästhetisch-politischen Auseinandersetzung mit der Bestialität des Nationalsozialismus kann keine Rede sein. [...]
Regression und Progression halten sich im Sansibar-Roman die Waage: auf der einen Seite scheint bei Andersch immer noch die Überzeugung vorzuherrschen, daß das noble zusammengesetzte ›Wir‹ des Romans aus Gregor, Helander, Knudsen und dem Jungen die wirklichen Stellvertreter des Deutschlands unter Hitler waren. Auf der anderen Seite wird die Diktatur nicht mehr wie eine unabänderliche Fatalität hingenommen, die über die Menschheitsgeschichte wie ein Naturereignis hinwegrollt. Progression auch, weil Andersch in seiner Inszenierung dieser zweifachen Rettungsaktion einem neuen Bewußtsein Ausdruck gibt, wonach Ästhetik und Ethik sich nicht mehr als Alternativen ausschließen, wie dies noch der Fall in den ›Kirschen der Freiheit‹ war, sondern einander bedingen. Anderschs Versuch, aus der Barlachfigur eine Ästhetik des Widerstands abzuleiten, macht das Innovative des Romans aus. Daß es ausgerechnet der deutsche Deserteur Gregor/Andersch ist, der Menschlichkeit und Kultur über die Barbarei siegen läßt [...] macht aus ›Sansibar‹ auch eine Wunschbiographie.«

Irene Heidelberger-Leonard: Andersch revisited. In: Zeitschrift für deutsche Philologie 114 (1995) Sd.-H. S. 37, 43–45. – Mit Genehmigung von Irene Heidelberger-Leonard, Brüssel.

3. Camus, Sartre und der Existentialismus

Alfred Andersch hat sich intensiv mit den Schriften Albert Camus', Jean-Paul Sartres und den Grundgedanken des Existentialismus auseinander gesetzt. An den Forderungen nach der Verantwortung des Einzelnen und die Rückgewinnungen der Freiheit durch den Zweifel an überkommenen Welterklärungen, nach einer ›littérature engagée‹ (Sartre, 1947) schult er sein Literatenselbstverständnis.

»Wenn ich Baum unter den Bäumen wäre, Katze unter den Tieren, dann hätte dieses Leben einen Sinn oder vielmehr: dieses Problem bestünde überhaupt nicht, denn dann wäre ich ein Teil dieser Welt. Ich *wäre* diese Welt, zu der ich mich jetzt mit meinem ganzen Bewußtsein und mit meinem ganzen Anspruch auf Vertrautheit in Gegensatz befinde. Eben diese so höhnische Vernunft setzt mich in Widerspruch zur ganzen Schöpfung. Ich kann sie nicht mit einem Federstrich abtun. Was ich für wahr halte, daran muß ich also festhalten. Was mir so unabweisbar erscheint, darauf muß ich bestehen, auch wenn es sich gegen mich richtet. Und worauf beruht denn dieser Konflikt, dieser Bruch zwischen der Welt und meinem Geist, wenn nicht auf dem Bewußtsein, das ich von ihm habe? Wenn ich also an ihm festhalten will, dann nur durch ein beständiges, immer wieder neues, stets angespanntes Bewußtsein. Daran muß ich mich zunächst halten. Mit diesem Augenblick tritt das Absurde, das so evident und gleichzeitig so schwer faßbar ist, in das Leben eines Menschen ein und wird dort heimisch. In diesem Augenblick kann der Geist noch den unfruchtbaren, von hellsichtiger Anstrengung ausgedörrten Weg verlassen. Der mündet jetzt ins tägliche Leben ein. Der führt in die Welt des anonymen ›man‹, aber der Mensch begeht ihn von nun an mit seiner Auflehnung und mit seinem Scharfblick. Er hat es verlernt zu hoffen. Endlich ist die Hölle des Gegenwärtigen sein Reich. Alle Probleme erhalten ihre Schärfe wieder.«

Albert Camus: Revolte gegen die Absurdität des Daseins (1943; dt. 1950). In: A. C.: Der Mythos von Sisyphos. Ein Versuch über das Absurde. Aus dem Frz. von Hans Georg Brenner. Hamburg: Rowohlt, 1960. S. 47f. – Mit Genehmigung der Rowohlt Verlag GmbH, Reinbek.

»JUPITER: Ich bin nicht dein König, schamloser Wurm – wer hat dich denn erschaffen?

OREST: Du! Aber du hättest mich nicht frei erschaffen sollen.

JUPITER: Ich habe dir deine Freiheit gegeben, damit du mir dienst.

OREST: Möglich, aber sie hat sich gegen dich gewendet, und wir können nichts dafür, weder der eine noch der andere.

JUPITER: Aha, das ist eine Entschuldigung.

OREST: Ich entschuldige mich nicht.

JUPITER: Wirklich? Weißt du, daß sie sehr einer Entschuldigung gleicht, diese Freiheit, deren Sklave du dich nennst?

OREST: Ich bin weder Herr noch Knecht, Jupiter, ich *bin* meine Freiheit! Kaum hast du mich erschaffen, so habe ich auch schon aufgehört, dein eigen zu sein.«

Jean-Paul Sartre: Die Fliegen (1947; dt. 1949). In: J.-P. S.: Dramen 1. Hamburg: Rowohlt, 1956 [u. ö.]. S. 60. – Mit Genehmigung der Rowohlt Verlag GmbH, Reinbek.

»Der Mensch ist nichts anderes als sein Leben«

»Aber anderseits bereitet er die Menschen vor, zu verstehen, daß allein die Wirklichkeit von Belang ist, daß die Träume, die Erwartungen, die Hoffnungen nur erlauben, den Menschen als enttäuschten Traum, fehlgeschlagene Hoffnungen, unerfüllte Erwartungen zu bestimmen; das heißt, daß das sie negativ und nicht positiv definiert; trotzdem, wenn man sagt: ›Du bist nichts anderes als dein Leben‹, so schließt das nicht ein, der Künstler werde nur nach seinen Kunstwerken beurteilt werden; tausend andere Dinge tragen zu seiner Definition bei. Was wir sagen wollen, ist, daß ein Mensch nichts anderes als eine Reihe von Unternehmungen ist, daß er die Summe, die Durchgliederung, die Gesamtheit der Beziehungen ist, welche diese Unternehmungen ausmachen.
Unter diesen Bedingungen ist es eigentlich nicht unser Pessimismus, sondern unsere optimistische Härte, die man uns da zum Vorwurf macht [...].«

Jean-Paul Sartre: Ist der Existentialismus ein Humanismus? (1946; dt. 1947). In: J.-P. S.: Drei Essays. Berlin: Ullstein, 1960. S. 23. – Mit Genehmigung der Rowohlt Verlag GmbH, Reinbek.

»So zielt der schöpferische Akt durch die wenigen Gegenstände, die er produziert oder reproduziert, hindurch auf eine totale Inbesitznahme der Welt. Jedes Bild, jedes Buch ist eine Wiederinbesitznahme der Totalität des Seins; jedes bietet diese Totalität der Freiheit des Beschauers dar. Denn das ist wohl der Endzweck der Kunst: diese Welt wieder in Besitz zu nehmen, indem man sie so zeigt, wie sie ist, aber als wenn sie ihren Ursprung in der menschlichen Freiheit hätte. Da jedoch das, was der Autor schafft, nur in den Augen des Beschauers eine objektive Realität annimmt, wird durch die Zeremonie des Betrachtens – insbesondere durch die Zeremonie des Lesens – diese

Wieder-Inbesitznahme geweiht. Nun sind wir schon eher imstande, die Frage von vorhin zu beantworten: der Schriftsteller wählt den Appell an die Freiheit der anderen Menschen, damit sie, durch die wechselseitigen Verwicklungen ihrer Ansprüche, dem Menschen die Totalität des Seins wiedergeben und die Menschheit in das Universum einordnen.«

Jean-Paul Sartre: Was ist Literatur? (1947; dt. 1950). In J.-P. S.: Was ist Literatur? Hamburg: Rowohlt, 1958. S. 37. – Mit Genehmigung der Rowohlt Verlag GmbH, Reinbek.

»So glauben Sie also, daß die Literatur immer engagiert ist?

Wenn die Literatur nicht *alles* ist, ist sie nicht der Mühe wert. Das will ich mit ›Engagement‹ sagen. Sie vertrocknet umgehend, wenn man sie auf Unschuld, auf Lieder reduziert. Wenn jeder niedergeschriebene Satz nicht auf allen Ebenen des Menschen und der Gesellschaft widerklingt, bedeutet er nichts. Die Literatur einer Epoche ist die durch ihre Literatur verdaute Epoche.«

Jean-Paul Sartre: Literatur als Engagement für das Ganze (1960). In: J.-P. S.: Was kann Literatur? Interviews, Reden, Texte. 1960–1976. Hrsg. von Traugott König. Reinbek: Rowohlt Taschenbuch Verlag, 1979. S. 13. – Mit Genehmigung der Rowohlt Verlag GmbH, Reinbek.

4. Barlach und die NS-Kunstpolitik

Die nationalsozialistische Zielsetzung, die deutsche Gesellschaft einer konsequenten Umwandlung nach völkisch-rassistischen Vorstellungen zu unterziehen, richtete sich auch auf die Kunst. Ausgehend von den Definitionen ›deutscher Kunst‹ und ›entarteter Kunst‹, setzten die entsprechenden kulturpolitischen Maßnahmen im März 1933 ein und dauerten bis zur Eröffnung der letzten »Großen Deutschen Kunstausstellung« in München am 28. Juli 1944. Ernst Barlach (1870–1938), Opfer kunstpolitischer Diffamierung, Behinderung und Requirierung, war eine der Schlüsselfiguren für die partei- und regierungsinternen Auseinandersetzungen und Maßnahmen.

»Entartete Kunst. Diffamierende Bezeichnung aller Kunstwerke und -strömungen, die dem engen und rückständigen Kunstverständnis der Nationalsozialisten und ihrem zwanghaften Schönheitsideal nicht entsprachen. Das in rassistischer Terminologie für angebliche Verfallserscheinungen verwendete Wort ›Entartung‹ richtete sich vor allem gegen die verschiedenen Richtungen der Moderne – Impressionismus, Expressionismus, Kubismus, abstrakte Kunst, Fauvismus, Dadaismus, neue Sachlichkeit –, aber auch gegen alle politisch nicht genehmen Werke. Die nationalsozialistische Sichtweise konnte sich auf Ressentiments in der Bevölkerung gegenüber schwer verständlichen und als elitär und fremdartig empfundenen Werken und auf eine schon in der Weimarer Republik manifeste Opposition gegen Avantgarde-Kunst (›Kampfbund für dt. Kultur‹, 1929) stützen [...].
Obwohl vor allem auf Bildende Kunst bezogen, richtete sich der Kampfbegriff auch gegen alle anderen Sparten: Architektur, Literatur, Theater, Film, Musik (gerade auch gegen angeblich ›jüdischen‹ oder ›Nigger‹-Jazz) sowie gegen Presse und Rundfunk und alle Bereiche der Alltagsästhetik [...]. Das Gesetz zur Wiederherstellung des Berufsbeamtentums vertrieb nicht nur jüdische, sondern auch alle progressiven Künstler, Hochschullehrer, Museumsleiter aus dem Staatsdienst. Die Bücherverbrennung 1933 war der Auftakt zur Entfernung aller nicht genehmen Literatur aus den dt. Bibliotheken. Ein großer Teil der verfemten Künstler emigrierte gleich nach 1933 [...]. 1936 verbot man die Kunstkritik; erlaubt war nur noch

›Kunstbetrachtung‹. Mehr als 16000 Kunstwerke aus Museen und Sammlungen wurden beschlagnahmt und vielfach im Ausland versteigert, was 1938 durch das Gesetz über Einziehung von Erzeugnissen entarteter Kunst sanktioniert wurde. Die Wanderausstellung ›Entartete Kunst‹ (München 1937, später durch die Ausstellung ›Entartete Musik‹ ergänzt) zeigte eine Auswahl prominenter Werke der Moderne, versehen mit diffamierenden Texten und Fotos kranker Menschen, und sollte bei den 3,2 Mio. Besuchern Ängste und Abscheu erregen. Eine öffentliche Verbrennung Tausender von Werken fand 1939 in Berlin statt. Die Verluste, die diese Politik mit sich gebracht hat, sind bis heute nicht überwunden.«

Stefanie Endlich: Entartete Kunst. In: Wolfgang Benz / Hermann Graml / Hermann Weiß (Hrsg.): Enzyklopädie des Nationalsozialismus. Stuttgart: Klett-Cotta, 1997. 3., korr. Aufl. 1998. S. 446f. –

»Der Nationalsozialismus bekennt sich damit zu einer heroischen Lehre der Wertung des Blutes, der Rasse und der Persönlichkeit, sowie der ewigen Auslesegesetze und tritt somit bewußt in unüberbrückbare Gegensätze zur Weltanschauung der pazifistisch-internationalen Demokratie und ihren Auswirkungen. […]

So wie der Nationalsozialismus in Deutschland die Erfüllung zahlreicher seherischer Ahnungen und tatsächlicher wissenschaftlicher Erkenntnisse ist, so wurde auch unbewußt die Vorarbeit geleistet für eine neue künstlerische Renaissance des arischen Menschen. […]

Die nationalsozialistische Bewegung und Staatsführung darf auch auf kulturellem Gebiet nicht dulden, daß Nichtskönner oder Gaukler plötzlich ihre Fahne wechseln und so, als ob nichts gewesen wäre, in den neuen

Staat einziehen, um dort auf dem Gebiete der Kunst und Kulturpolitik abermals das große Wort zu führen. Ob die Vorsehung uns alle die Männer schenkt, die dem politischen Wollen unserer Zeit und seinen Leistungen einen gleichwertigen kulturellen Ausdruck zu schenken vermögen, wissen wir nicht. Aber das eine wissen wir, daß unter keinen Umständen die Repräsentanten des Verfalls, der hinter uns liegt, plötzlich die Fahnenträger der Zukunft sein dürfen. Entweder waren die Ausgeburten ihrer damaligen Produktion ein wirklich inneres Erleben, dann gehören sie als Gefahr für den gesunden Sinn unseres Volkes in ärztliche Verwahrung, oder es war dies nur eine Spekulation, dann gehören sie wegen Betruges in eine dafür geeignete Anstalt. Auf keinen Fall wollen wir den kulturellen Ausdruck unseres Reiches von diesen Elementen verfälschen lassen; denn das ist unser Staat und nicht der ihre.«

Adolf Hitler: Die deutsche Kunst als stolzeste Verteidigung des deutschen Volkes (1933). In: Nationalsozialistische Monatshefte 4 (1933) H. 43. S. 436–442.

»Auf dem Gebiet der *bildenden Kunst* erleben wir heute eine geradezu konzentrische Tätigkeit in der gleichgeschalteten Presse, die uns immer wieder Klee, Dix, Pechstein, Barlach und Nolde nebst ihren Vorgängern und Nachfolgern als die Künstler *unserer* Zeit aufzuschwatzen versucht. Dabei braucht man nur die neue Kunstschau der Juryfreien in der Bellevuestraße zu besuchen, um das glotzende Elend naturentfremdeter Antikünstler erschreckt zu erleben. Was sich dort – und anderswo – an monströser Anmaßung, gepaart mit fürchterlichstem Unvermögen offenbart, ist genau das Gleiche, was wir 10 Jahre lang erlebt, durchlebt und *erbittert bekämpft haben*! Das ist – abgesehen von einzelnen Harmlosigkeiten – nicht eine Ausstellung deutscher Künstler, sondern ein Raritätenkabinett von Erzeugnissen kranker Hirne. Und daß sich *Barlach* in dieser Gesellschaft befindet, ist ebenso ein Fingerzeig für ihn wie charakteristisch für die seelischen Zusammenhänge seiner Anhänger. Daß Barlach rein technisch besser ist, als die anderen, steht außer Frage; aber daß hier von seinen Bewunderern Hingebung mit halber Idiotie verwechselt wird, bildet jene Scheidewand, die uns von seinen Verteidigern trennt.«

Alfred Rosenberg (der »Beauftragte des Führers für die Überwachung der gesamten geistigen und weltanschaulichen Schulung und Erziehung der NSDAP«). In: Völkischer Beobachter. 10. März 1934. Zit. nach: Ernst Piper: Ernst Barlach und die nationalsozialistische Kunstpolitik. München/Zürich: Piper, 1983. S. 108f. –

»Kunstbolschewismus am Ende.«

»Aus der Rede des Führers zur Eröffnung des Hauses der Deutschen Kunst in München.«

»Die heutige neue Zeit arbeitet an einem neuen Menschentyp. Ungeheure Anstrengungen werden auf unzähligen Gebieten des Lebens vollbracht, um das Volk zu heben, um unsere Männer, Knaben und Jünglinge, die Mädchen und Frauen gesünder und damit kraftvoller und schöner zu gestalten. [...] Dieser Menschentyp, den wir erst im vergangenen Jahr in den Olympischen Spielen in seiner strahlenden stolzen körperlichen Kraft und Gesundheit vor der ganzen Welt in Erscheinung treten sahen, dieser Menschentyp, meine Herren prähistorischen Kunststotterer, ist der Typ der neuen Zeit. Und was fabrizieren Sie? Mißgestaltete Krüppel und Kretins, Frauen, die nur abscheuerregend wirken können, Männer, die Tieren näher sind als Menschen, Kinder, die, wenn sie so leben würden, geradezu als Fluch Gottes empfunden werden müßten! [...].

Nein, hier gibt es nur zwei Möglichkeiten: Entweder diese sogenannten ›Künstler‹ sehen die Dinge wirklich so und glauben daher an das, was sie darstellen, dann wäre nur zu untersuchen, ob ihre Augenfehler entweder auf mechanische Weise oder durch Vererbung zustande gekommen sind. Im einen Fall tief bedauerlich für diese Unglücklichen, im zweiten wichtig für das Reichsinnenministerium, das sich dann mit der Frage zu beschäftigen hätte, wenigstens eine weitere Vererbung derartiger grauenhafter Sehstörungen zu unterbinden. Oder aber sie glauben selbst nicht an die Wirklichkeit solcher Eindrücke, sondern sie bemühen sich aus anderen Gründen, die Nation mit diesem Humbug zu belästigen, dann fällt so ein Vorgehen in das Gebiet der Strafrechtspflege [...].«

»Mit der Eröffnung dieser Ausstellung aber hat das Ende der deutschen Kunstvernarrung und damit der Kulturvernichtung unseres Volkes begonnen. Wir werden von jetzt ab einen unerbittlichen Säuberungskrieg führen gegen die letzten Elemente unserer Kulturzersetzung.«

Adolf Hitler: Kunstbolschewismus am Ende. Rede aus Anlass der »Feierlichen Weihe des Hauses der Deutschen Kunst und Eröffnung der Großen Deutschen Kunstausstellung«, München, 18. November 1937. Abgedr. in: Ausstellungsführer ›Entartete Kunst‹ (1937). Berlin [1937]. S. 24–30. Zit. nach: Peter-Klaus Schuster (Hrsg.): Nationalsozialismus und ›Entartete Kunst‹. München: Prestel, 1987. [S. 208 ff., Faks.-Beil.] Ergänzung aus: Ernst Piper: Ernst Barlach und die nationalsozialistische Kunstpolitik. München/Zürich: Piper, 1983. S. 191. – © 1983 Piper Verlag GmbH, München.

»In Durchführung meines Auftrages, alle Dokumente des Kunstniederganges und der Kunstentartung zusammenzutragen, habe ich fast sämtliche deutsche Museen besucht. Ich war mir klar darüber, daß die Anzahl der in den vergangenen Jahren angekauften Werke ungeheuer groß sein

würde. Maßlos erstaunt war ich aber darüber, daß noch bis vor wenigen Tagen in deutschen öffentlichen Museen und Sammlungen teilweise diese hier nach München gebrachten Verfallskunstdokumente ausgestellt und damit seitens der Leiter dieser Anstalten dem deutschen Volksgenossen die Besichtigung zugemutet wurde.
Es sind die hier gezeigten Produkte allerdings nur ein Teil der in den vorgenannten Anstalten noch vorhandenen. Es hätten Eisenbahnzüge nicht gereicht, um die deutschen Museen von diesem Schund auszuräumen. Das wird noch zu geschehen haben und zwar in aller Kürze.«

Adolf Ziegler (Präsident der Reichskammer der Bildenden Künste): Rede zur Eröffnung der Ausstellung »Entartete Kunst«, München, 19. November 1937. Zit. nach: Peter-Klaus Schuster (Hrsg.): Nationalsozialismus und ›Entartete Kunst‹. München: Prestel, 1987. S. 217 f.

Stellungnahmen von Ernst Barlach im Zeitraum 1933 bis 1938:

[1]

»Wenn ein Künstler etwa nicht gestalten darf, weil die Verwirklichung seines glühendsten Wunsches von dem weltanschaulichen Katechismus der Entscheidungsinstanzen im weit und breiten Feld nicht zugelassen wird, muß das nebenbei erniedrigend heißen, da keinerlei Gültigkeit seines Wahns vom Wert seiner Leistung aus Selbstverstand besteht.«

[2]

»[...] Der nationalistische Terror wird wohl länger dauern, als ich abwarten kann. Die Köpfe, in die ohnehin nicht leicht etwas Vernünftiges zu bringen ist, sind vollgestopft mit der billigsten Unvernunft. Jeder Kopf ein Augiasstall, ich fürchte, dem Herkules, der da Luft schaffen will, wird die Luft ausgehn. Mist von Rindern ist ja gewissermaßen kein Mist in Vergleich mit weltanschaulicher Verranntheit.«

[3]

»Ich erfahre somit eine Ausgestoßenheit, die der Preisgabe an Vernichtung gleichkommt. Das Verdikt von ... bedeutet Verurteilung zur Absperrung meines persönlichen Daseins von allen bisherigen Lebensvoraussetzungen. In dieser Hinsicht ist mein Zustand noch übler als der eines echten Emigranten, und wenn es nicht ausdrücklich formuliert ist, so ergibt sich doch die Verhängung der langsamen Erdrosselung, deren Absicht klar genug zu Tage tritt.«

[4]

»[...] es kracht schauderhaft im Gebälk, man hat es lange genug überhört, aber je tauber man sich stellt, desto mehr kracht es. Der ganze Sommer ist mir gestohlen, ich habe nichts arbeiten können, von Woche zu Woche gab es Hetzsignale.«

[5]

»Vielleicht reise ich doch noch, wenn es mir hier zu dumm wird. Es fragt sich bloß, was tun oder nicht tun, wenn man zurückkehrt. Zum Arbeiten werde ich auf absehbare Zeit nicht kommen, ins Ausland gehe ich nicht, im Vaterlande muß ich mich wie ein Emigrant fühlen – und zwar schlechter als ein wirklicher, weil alle Wölfe gegen mich und hinter mir heulen.«

[6]

»Im vorigen Jahr habe ich ja einige kleinere Arbeiten machen können. Ein Teil wurde erst beschlagnahmt und (da wir wohl noch nicht ganz so weit sind) nicht innebehalten, aber ihre Ausstellung verboten. Andere Stücke sind wohl da, aber dabei scheint es zu bleiben. Der ›Domengel‹ ist in einer Kiste eingesargt und ruht irgendwo – und wartet, knapp vor dem Eingeschmolzenwerden gerettet. Genug, ich bin verfemt.«

(1) Ernst Barlach: Rundfunkrede in der Reihe »Künstler der Zeit« vom 23. Januar 1933. (2) Ernst Barlach an Hugo Sieker vom 26. Januar 1933. (3) Ernst Barlach: Als ich von dem Verbot der Berufsausübung bedroht war. 29./30. Juli 1937. Zit. nach: Ernst Piper: Ernst Barlach und die nationalsozialistische Kunstpolitik. München/Zürich: Piper, 1983. (1) S. 64–66. (2) S. 66. (3) S. 202f. – Mit Genehmigung der Ernst Barlach Lizenzverwaltung, Ratzeburg.
(4) Brief von Ernst Barlach an Paul Schurek. 22. August 1937. (5) Brief von Ernst Barlach an Hans Barlach. 1. September 1937. (6) Brief von Ernst Barlach an Karl Barlach. 14. Januar 1938. Zit. nach: Friedrich Dross (Hrsg.): Ernst Barlach: Die Briefe II. 1925–1938. [Ab 1929] München: Piper, 1969. (4) S. 719. Nr. 1395. (5) S. 721. Nr. 1397. (6) S. 752. Nr. 1434. – Mit Genehmigung der Ernst Barlach Lizenzverwaltung, Ratzeburg.

»Notizen zur Barlach-Ausstellung«

»[...] Ich halte Barlach für einen der größten Bildhauer, die wir Deutschen gehabt haben. Der Wurf, die Bedeutung der Aussage, das handwerkliche Ingenium, Schönheit ohne Beschönigung, Größe ohne Gerecktheit, Harmonie ohne Glätte, Lebenskraft ohne Brutalität machen Barlachs Plastiken zu Meisterwerken. Gleichwohl gefällt mir nicht alles, was er geschaffen hat [...].
Von nun an, bei den Plastiken aus den Jahren nach 33, muß man sich die Entstehungsjahre ansehen. Da ist der ›Buchleser‹, die Bronze von 1936. Ein sitzender Mann, vorgebeugt, in schweren Händen ein Buch haltend. Er liest neugierig, zuversichtlich, kritisch. Er sucht deutlich Lösungen dringender Probleme im Buch. Goebbels hätte ihn wohl eine ›Intelligenzbestie‹ genannt. Der Buchleser

gefällt mir besser als Rodins berühmter Denker, der nur die Schwierigkeit des Denkens zeigt. Barlachs Plastik ist realistischer, konkreter, unsymbolisch. [...]
Alle diese Plastiken scheinen mir das Merkmal des Realismus zu haben: Sie haben viel Wesentliches und nichts Überflüssiges. Idee, wirkliche Vorbilder und Material bestimmen die beglückende Form. Auch die Liebe zum Menschen, der Humanismus Barlachs sind unbestreitbar. Freilich gibt er dem Menschen wenig Hoffnung; auch einige seiner schönsten Werke erwecken den traurigen Gedanken an die deutsche Misere, die unsere Künste so geschädigt hat.«

Bertolt Brecht: Notizen zur Barlach-Ausstellung (1952). In: B. B.: Werke. Große kommentierte Berliner und Frankfurter Ausgabe. Bd. 23. Frankfurt a. M.: Suhrkamp, 1993. S. 198, 200, 202. –

5. Kirchengeschichte, NS-Religionspolitik und die Theologie Karl Barths

Der Theologe Karl Barth (1886–1968), auf den sich Andersch über das Romanmotto von Dylan Thomas und die Hinweise seines Helden Helander beruft, ist ein maßgeblicher Reformer vor allem der evangelischen Theologie im 20. Jahrhundert. Seine Neuorientierung ist bestimmt von der historischen Erfahrung des Ersten Weltkriegs, von sozialdemokratischen Ideen und christlicher Sozialethik. Sie distanziert sich von einer liberalen Theologie und setzt mit seiner dialektischen Theologie dagegen den Primat der göttlichen Offenbarung sowie die grundsätzliche Differenz zwischen Gott und Mensch. Barth beteiligt sich an der Auseinandersetzung mit dem Nationalsozialismus als Mitglied der Bekennenden Kirche am deutschen Kirchenkampf.

»Kirchenkampf. 1933 entstandener Begriff zur Beschreibung der Auseinandersetzungen innerhalb der evangelischen Kirche, aber ebenso Bezeichnung für den Kampf der Kirchen um ihre Freiheit und Eigenständigkeit gegenüber dem nationalsozialistischen Totalitätsanspruch wie auch für den Kampf zwischen Christentum und nationalsozialistischer Weltanschauung und Herrschaftspraxis. Nach 1945 wurde K. zum Epochenbegriff für die Geschichte der Kirchen während der NS-Herrschaft. Trotz des grundsätzlichen ideologischen Unterschieds zwischen Nationalsozialismus und Christentum vermied Hitler, zumindest anfangs, einen Konfrontationskurs mit den großen Kirchen; seine Kirchenpolitik war vielmehr darauf ausgerichtet, auch diese in sein Konzept der Gleichschaltung einzubinden, dabei allerdings das öffentliche Leben weitgehend zu ›entkonfessionalisieren‹. [...] Der katholische K. entwickelte sich im wesentlichen zu einem Kampf um die Einhaltung der Konkordatsbestimmungen, die von Anfang an von den Nationalsozialisten unterlaufen und umgangen wurden, besonders im Hinblick auf den Verbandskatholizismus. Die evangelische Kirche sollte durch die nationalsozialistische Kirchenpartei der Dt. Christen von innen heraus gleichgeschaltet und zu einer einheitlichen Reichskirche unter NS-konformer Führung umgestaltet werden. Dieses Ziel wurde 1933 zwar erreicht, hatte aber nur kurzzeitig Bestand, weil sich innerhalb der Kirche eine Oppositionsbewegung gegen die Dt. Christen erhob, die sich in Gestalt der Bekennenden Kirche zu einer Gegenkirche zur dt.-christlich beherrschten und staatlich anerkannten Kirche formierte.«

Carsten Nicolaisen: Kirchenkampf. In: Wolfgang Benz / Hermann Graml / Hermann Weiß (Hrsg.): Enzyklopädie des Nationalsozialismus. Stuttgart: Klett-Cotta, 1997. 3., korr. Aufl. 1998. S. 544 f. –

»Bekennende Kirche. Theologisch heterogene oppositionelle Bewegung in der evangelischen Kirche gegen die Deutschen Christen und die NS-Kirchenpolitik (Kirchen und Religion; Reichskonkordat). [...] Im Frühjahr 1934 entstand aus Protest gegen die Gleichschaltungspolitik durch die Dt. Christen in den von ihnen beherrschten Landeskirchen eine ›Bekenntnisbewegung‹ oder ›Bekenntnisfront‹ [...]. Angesichts der häretischen Theologie der Dt. Christen und der Rechts- und Verfassungsbrüche ihres Kirchenregiments beanspruchte die Bekenntnisbewegung, die rechtmäßige evangelische Kirche in Deutschland zu sein. Sie konstituierte sich zur B. und bildete damit eine Art Gegenkirche zum staatlich anerkannten Kirchenregiment der Dt. Christen, sagte diesem den Gehorsam auf und gab sich im Barmer Bekenntnis ihr theologisches Programm.«

Carsten Nicolaisen: Bekennende Kirche. In: Ebd. S. 391 f. –

»Deutsche Christen. Eine theologisch und organisatorisch vielschichtige kirchenpolitische Bewegung im dt. Protestantismus, die von der religiösen Grundorientierung des Nationalsozialismus überzeugt war (Bekenntnis zum ›positiven Christentum‹ in Art. 24 des Parteiprogramms der NSDAP; Ideologie) und 1933 den Kirchenkampf in der evangelischen Kirche auslöste. Die D. propagierten die weitgehende äußere wie innere Gleichschaltung der evangelischen Kirche mit dem Nationalsozialismus (z.B. Übernahme des Führerprinzips sowie der Volkstums- und Rassenideologie, Stilisierung des ›heldischen‹ Jesus, Ablehnung von Pazifismus und Internationalismus). Nach Auffassung der D. sollten Christentum und Nationalsozialismus eine Synthese eingehen, um die Kirche aus ihrer dogmatischen Erstarrung zu befreien und sie volksmissionarisch zu erneuern. [...] Nach einer provokativen Rede des Berliner Gauobmanns im November 1933, in der die dt.gläubigen und damit häretischen Tendenzen der D. offengelegt wurden, brach die Bewegung auseinander. [...] 1937 schlossen sich die meisten nationalkirchlichen Gruppen zur ›Nationalkirchlichen Bewegung D.‹ zusammen, die jedoch trotz zeitweiser Unterstützung durch Reichskirchenminister Hanns Kerrl keine größere Wirkung mehr erzielen konnte.«

Carsten Nicolaisen: Deutsche Christen. In: Ebd. S. 420. – © 1997 J. G. Cotta'sche Buchhandlung Nachf. GmbH, Stuttgart.

»Indem die Regierung entschlossen ist, die politische und moralische Entgiftung unseres öffentlichen Lebens durchzuführen, schafft und sichert sie die Voraussetzung für eine wirkliche tiefe, innere Religiosität. [...] Die nationale Regierung sieht in den beiden christlichen Konfessionen wichtigste Faktoren der Erhaltung unseres Volkstums. Sie wird die zwischen ihnen und den Ländern abgeschlossenen Verträge respektieren; ihre Rechte sollen nicht angetastet werden. Sie erwartet aber und hofft, daß die Arbeit an der nationalen und sittlichen Erhebung unseres Volkes, die sich die Regierung zur Aufgabe gestellt hat, umgekehrt die gleiche Würdigung erfährt.«

Adolf Hitler: Regierungserklärung vom 23. März 1933. [Auszug.] Zit. nach: Hans Müller (Hrsg.): Katholische Kirche und Nationalsozialismus. München: dtv, 1965. S. 83 f.

Zur Theologie Karl Barths:

»Mit der Statuierung des unendlichen qualitativen Unterschiedes zwischen Gott und Mensch rückt der Mensch mit allem, was er ist, hat und kann, mit seinem Bösen, aber auch mit seinem Guten, mit seinem Reichtum, aber

auch mit seiner Armut, mit seinem Glauben, aber auch mit seinem Unglauben, mit den Höhen seiner Geschichte, aber auch mit ihren Tiefen, unter das Gericht Gottes, und dieses Gericht Gottes bedeutet für ihn und seine Welt das Nichts, das Ende, den Tod.
Geboren wird die Theologie der Krisis nicht *aus* der Krise der Zeit, wohl aber *in* der Krise der Zeit, aus einer neuen Begegnung mit der Bibel inmitten der Krise der Zeit. Und das führt zu jener Kritik Barths, die viel radikaler, unbürgerlicher und auch unkirchlicher ist als jede säkulare Kulturkritik der damaligen Jahre. Sie enthüllt die Relativität und Todesverfallenheit aller Weltgestalt schlechthin – ›von der Mikrobe bis zum Saurier und bis zum theologischen Schulhaupt‹. [...]
Von der Menschwerdung Gottes weiß Barth eigentlich nichts. Bei ihm geht Gott nicht wirklich in die Geschichte ein; nur ›wie die Tangente einen Kreis‹ berührt das Göttliche diese Welt, ›ohne sie zu berühren‹.
[...] So sieht nach Barths Beschreibung der christliche Glaube aus: Er ist ›der Respekt vor dem göttlichen Inkognito, die Liebe zu Gott im Bewußtsein des qualitativen Unterschieds von Gott und Mensch‹, ›die Bejahung des göttlichen Nein im Christus, das erschütterte Haltmachen vor Gott‹, ›das bewegte Verharren in der Negation‹. Nur ›die vor Gott Respekt haben und den Abstand wahren, leben mit Gott‹.
Damit bedeutet der Glaube ›das Ende aller idealistischen Himmelstürmerei‹, ›das Ende aller Anschaulichkeit und Begreiflichkeit‹. Der Glaube ist ›kein Boden, auf den man sich stellen, keine Ordnung, die man befolgen, keine Luft, in der man atmen kann‹, sondern er ist, wenn er rechter Glaube ist, immer nur ›Hohlraum‹ und ›Vakuum‹, Seufzen, Warten und Entbehren, Offenheit, Zeichen und Hinweis – ›ein Stand in der Luft‹. Von diesem ›paradoxen Charakter‹ darf dem Glauben nichts genommen werden. Sofern der Glaube in irgendeinem Sinne mehr sein will als

Hohlraum, ist er Unglaube. Fast wie ein Triumph klingt es bei Barth: ›Credo, quia absurdum!‹«

Heinz Zahrnt: Die Sache mit Gott. Die protestantische Theologie im 20. Jahrhundert. München: Piper, 1967. S. 27f., 30, 34f. –

6. Jüdische Bevölkerung und NS-Rassismuspolitik

Die NS-Rassismuspolitik basiert auf der Denktradition einer verbreitet latenten judenfeindlichen Einstellung, die sich im Zusammenhang mit rassisch-völkischem, imperialistischen Denken gegen Ende des 19. Jahrhunderts zu einem ideologisierten Antisemitismus entwickelt. Seit 1919 integriert die NSDAP dieses Gedankengut in ihr politisches Programm. Mit der Machtübernahme der Partei 1933 ist der Antisemitismus Teil der amtlichen politischen Programmatik und Propaganda, der rassenutopischen und imperialistischen Partei- und Regierungsansprüche, basierend auf dem konstruierten Rassenkontrast Arier–Juden. Die Gesetze und Verordnungen zwischen 1933 und der Wannseekonferenz 1942 dokumentieren die regierungsamtliche Diskriminierung, Verfolgung und Vernichtung der jüdischen deutschen Bevölkerung.

»Juden. 1933 lebten in Deutschland knapp 500000 J., auch als ›Israeliten‹, ›Hebräer‹ oder Anhänger des ›mosaischen Glaubens‹ bezeichnet (etwa ›Israelitische Kultusgemeinde‹), die sich religiös zum Judentum bekannten. Nach der Definition der Nürnberger Gesetze machten J. 0,76% der Bevölkerung des Dt. Reiches aus (ohne das Saargebiet mit 4638 Juden = 0,56%), davon 80,2% dt. und 19,8% andere Staatsangehörige. Sie bildeten keine uniforme, sondern eine stark ausdifferenzierte Minderheit ohne scharfe Außenabgrenzung. [...] Das Pogromjahr 1938 (›Reichskristallnacht‹) samt der folgenden Verhaftungswelle markierte den definitiven Schritt zur Aufkündigung der legalen Existenz dt. J., entsprechend der Absicht Hitlers und Görings, die ›Judenfrage‹ jetzt ›so oder so zur Erledigung‹ zu bringen (Interministerielle Konferenz vom 12. 11. 1938; Endlösung). Mit Wirkung vom 1. 1. 1939 an mußten J. die Zwangsvornamen ›Israel‹ bzw. ›Sara‹ führen. Auch die systematische Zerstörung der wirtschaftlichen Existenz erreichte ihren Höhepunkt (Verordnung vom 12. 11. 1938; Arisierung); dazu kamen die ›Sühneleistung‹ für die Schäden des Novemberpogroms und eine ›Vermögensabgabe‹ (20–25%), meist zeitgleich zum Verlust existenzsichernder Einkünfte. Nur noch wenige Ärzte und Anwälte durften – ausschließlich für J. – tätig sein. Das Gesetz über die Mietverhältnisse der J. leitete die Konzentration in bestimmten Wohnvierteln ein und war ein Schritt zur späteren Deportation (Judenhäuser). Seit Kriegsbeginn waren von J. sukzessive Photoapparate, Radios, Fahrräder etc. abzuliefern, Telephonanschlüsse wurden im Sommer 1940 gekündigt, seit Dezember 1941 war ihnen auch die Nutzung öffentlicher Fernsprecher untersagt. Seit September 1941 mußten sie den Judenstern tragen. Die Perfidie der nationalsozialistischen Politik bestand darin, nach der Ausgrenzung der J. in eine abgeschlossene jüdische Nebengesellschaft deren Bewegungsrahmen schrittweise weiter einzuengen und die Reichsvertretung selbst zum Instrument der Entrechtungs-, Vertreibungs- und Vernichtungspolitik zu machen, etwa zur Einziehung von Zwangsabgaben oder zur Lebensmittelzuteilung, schließlich zur Erfassung der verbliebenen J. zur Deportation. 1939 wurde die Reichsvertretung der dt. J. in ›Reichsvereinigung der J. in Deutschland‹ (RVJD) umbenannt (aus ›dt. J.‹ wurden ›J. in Deutschland‹) und unter Aufsicht von SD und Gestapo zur Zwangsvertretung aller J. im Sinne der Nürnberger Gesetze, d.h. auch für Angehörige anderer Konfessionen (Judenchristen) oder Konfessionslose, zuständig, zuletzt nur

noch für die Auswanderung (bis zum Verbot im Oktober 1941), für Schulen (bis Juli 1942) und für die Vermittlung von Zwangsarbeitern bis zu deren Deportation (Fabrikaktion, 27. 2. 1943). Der Kulturbund wurde am 11. 9. 1941 verboten. [...]
Im Herbst 1941 lebten noch ca. 164 000 Juden in Deutschland, 73 000 davon in Berlin. Sie wurden fast alle zwischen Februar 1940 (Stettin) und Juni 1943 in die Ghettos, Arbeits- und Vernichtungslager im Osten deportiert (Rassenpolitik und Völkermord). Im September 1944 war die Zahl der J. im Reich auf 14 574 gesunken. Insgesamt fielen bis 1945 etwa 165 000 dt. J. dem nationalsozialistischen Rassenwahn zum Opfer.«

Johannes Heil: Juden. In: Wolfgang Benz / Hermann Graml / Hermann Weiß (Hrsg.): Enzyklopädie des Nationalsozialismus. Stuttgart: Klett-Cotta, 1997. 3., korr. Aufl. 1998. S. 531–534. –

Verordnung des Reichspräsidenten zum Schutz von Volk und Staat
Vom 28. Februar 1933
RGBl. I, S. 83

»[...] § **1.** Die Artikel 114, 115, 117, 118, 123, 124 und 153 der Verfassung des Deutschen Reichs werden bis auf weiteres außer Kraft gesetzt. Es sind daher Beschränkungen der persönlichen Freiheit, des Rechts der freien Meinungsäußerung, einschließlich der Pressefreiheit, des Vereins- und Versammlungsrechts, Eingriffe in das Brief-, Post-, Telegraphen- und Fernsprechgeheimnis, Anordnungen von Haussuchungen und Beschlagnahmen sowie Beschränkungen des Eigentums auch außerhalb der hierfür bestimmten gesetzlichen Grenzen zulässig. [...]«

Aufruf zum Boykott aller jüdischen Betriebe
Vom 31. März 1933
[Auszug aus dem antisemitischen Hetzblatt »Der Stürmer«]

»Deutsche Volksgenossen, deutsche Volksgenossinnen! Die Schuldigen an diesem wahnwitzigen Verbrechen, an dieser niederträchtigen Greuel- und Boykotthetze sind die Juden in Deutschland. Sie haben ihre Rassengenossen im Ausland zum Kampf gegen das deutsche Volk aufgerufen. Sie haben die Lügen und Verleumdungen hinausgemeldet. Darum hat die Reichsleitung der deutschen Freiheitsbewegung beschlossen, in Abwehr der verbrecherischen Hetze ab Sonnabend, den 1. April 1933, vorm. 10 Uhr, über alle jüdischen Geschäfte, Warenhäuser, Kanzleien usw. den Boykott zu verhängen. Dieser Boykottierung Folge zu leisten, dazu rufen wir euch, deutsche Frauen und Männer, auf. Kauft nicht in den jüdischen Geschäften und Warenhäusern, geht nicht zu jüdischen Rechtsanwälten, meidet jüdische Ärzte. Zeigt den Juden, dass sie nicht ungestraft Deutschland in seiner Ehre herabwürdigen und beschmutzen können. Wer gegen diese Aufforderung handelt, beweist damit, dass er auf Seiten der Feinde Deutschlands steht. Es lebe der ehrwürdige Generalfeldmarschall aus dem großen Kriege, der Reichspräsident Paul v. Hindenburg. Es lebe der Führer und Reichskanzler Adolf Hitler. Es lebe das deutsche Volk und das heilige deutsche Vaterland!

(gez.) Streicher«

Gesetz zum Schutze des deutschen Blutes und der deutschen Ehre
Vom 15. September 1935
RGBl. I, S. 1146

»Durchdrungen von der Erkenntnis, dass die Reinheit des deutschen Blutes die Voraussetzung für den Fortbestand des Deutschen Volkes ist, und beseelt von dem unbeugsamen Willen, die Deutsche Nation für alle Zukunft zu sichern, hat der Reichstag [...] das folgende Gesetz beschlossen [...]:

§ 1. (1) Eheschließungen zwischen Juden und Staatsangehörigen deutschen oder artverwandten Blutes sind verboten.

Trotzdem geschlossene Ehen sind nichtig, auch wenn sie zur Umgehung dieses Gesetzes im Ausland geschlossen sind.«

Erste Verordnung zum Reichsbürgergesetz
Vom 14. November 1935
RGBl. I, S. 1333f.

»Juden (d.h. wer von mindestens 3 der Rasse nach volljüdischen Großeltern abstammt, wobei als volljüdisch gilt, wer der jüdischen Religionsgemeinschaft angehört, oder Mischlinge mit 2 volljüdischen Großeltern, wenn der Mischling beim Erlass des Gesetzes der jüdischen Religionsgemeinschaft angehört, ihr später beitritt oder beim Erlass des Gesetzes mit einem Juden verheiratet ist oder sich danach mit einem Juden verheiratet, sowie nach dem 31. 6. 36 geborene außereheliche Nachkommen von Juden) können nicht Reichsbürger sein, haben kein politisches Stimmrecht und können kein öffentliches Amt bekleiden.«

»7. 7. 41 RFSSuCdDP [S II B 1 (neu)
Nr. 1212/41–453– 12]

Nicht zur Veröffentlichung!

Verordnung über Reisepässe von Juden:

Auf Grund der Verordnung vom 5. 10. 38 sind die Reisepässe der Juden mit Geltung für das Ausland durch einen Stempel mit einem roten ›J‹ zu versehen und das Datum handschriftlich anzugeben, an dem dieser Stempel in den

Paß eingetragen wurde. Nunmehr ist eine solche Kennzeichnung nicht nur auf der ersten Seite des Passes, sondern auch auf der ersten Seite des Paßumschlages vorzunehmen.«

»1. 9. 41 RMI

Polizeiverordnung über die Kennzeichnung der Juden:

Ab 15. 9. 41 ist es Juden, die das sechste Lebensjahr vollendet haben, verboten, sich in der Öffentlichkeit ohne einen Judenstern zu zeigen. Juden ist es verboten, ohne schriftliche, polizeiliche Erlaubnis ihre Wohngemeinde zu verlassen und Orden, Ehrenzeichen oder sonstige Abzeichen zu tragen.
Dies gilt nicht für den in Mischehe lebenden jüdischen Ehegatten, sofern Abkömmlinge aus der Ehe vorhanden sind, die nicht als Juden gelten oder der einzige Sohn im Krieg gefallen ist, ferner nicht für die jüdische Ehefrau bei kinderloser Mischehe während der Dauer der Ehe.«

Das Sonderrecht für die Juden im NS-Staat. Eine Sammlung der gesetzlichen Maßnahmen und Richtlinien – Inhalt und Bedeutung. Hrsg. von Joseph Walk Heidelberg: C. F. Müller, ^{2}1996. (UTB. 1889.) S. 344, 347.

»Obwohl die Juden es nicht wahrhaben wollen und obwohl ihre äußere Lebensform und Kultur dagegenspricht – wesentlich sind sie ihrer gesellschaftlichen Situation nach nicht Bürger, sondern Proletarier. Sie sind Proletarier mit Komfort und in Zehnzimmerwohnungen, mit akademischer Ausbildung und in geistigen Berufen: aber das Wesentlichste an der Lage des Proletariats ist auch ihr wesentliches Kennzeichen: sie vermögen nicht aus eigener Kraft ihre Gegenwart und ihre Zukunft zu sichern, da sie weder im Besitz politischer Garantien, staatlicher Mitbestimmungsrechte sind, noch ihre Produktionsmittel ihnen gehören. Dort wo ihnen eine Verfassung Gleichberechtigung und bürgerliche Freiheit gewährleistete, durften sie sich über diese ihre Lage täuschen; sie hatten keinen Anlaß, über ihre Lage nachzudenken. Den meisten von ihnen kam daher nie zu Bewußtsein, daß, falls man ihnen diese Gleichberechtigung einmal kündigte, sie keinerlei Mittel besaßen, gegen diese Kündigung anzukämpfen. Da die große Mehrheit jedoch aufrichtig an die Sicherung des bürgerlichen Fortschritts glaubte und solche Kündigungen der Gleichberechtigung, solche Rückfälle in die ›Barbarei des Mittelalters‹ für unmöglich hielt, lebten die Juden sich ganz und gar als deutsche Bürger aus […].«

Arnold Zweig: Die Illusion des bürgerlichen deutschen Judentums (1934). Zit. nach: Achim von Borries (Hrsg.): Selbstzeugnisse des deutschen Judentums 1870–1945. Frankfurt a. M. / Hamburg: S. Fischer, 1962. S. 43 f. –

7. KPD und NS-Innenpolitik

Bei den Reichstagswahlen vom 5. März 1933 gewann die NSDAP (44%) zusammen mit der national-konservativen »Kampffront Schwarz-Weiß-Rot« (Deutschnationale Volkspartei DVP und Stahlhelm/Bund der Frontsoldaten) die absolute Mehrheit von 52%. Die parlamentarische Mehrheit nutzten die Nationalsozialisten zur Durchsetzung der Alleinherrschaft. Dafür wurden im Verlauf des Jahres 1933 die nicht nationalsozialistisch geführten Länderregierungen aufgelöst und durch »Reichskommissare« ersetzt (»Gleichschaltung«; 5.–10. März), das so genannte »Ermächtigungsgesetz« erlassen (24. März), die KPD (31. März) und die SPD (22. Juni) verboten und die Neubildung von Parteien untersagt (14. Juli). Die so manipulierten Reichstagswahlen vom 12. November 1933 gewann die NSDAP mit 92%.

»Kommunistische Partei Deutschlands (KPD). Die KPD – am 30. 12. 1918 durch den Zusammenschluß des ›Spartakusbundes‹ und der ›Internationalen Kommunisten Deutschlands‹ in Berlin gegründet – avancierte Ende 1932 mit ca. 6 Mio. Wählern zur drittstärksten Partei in Deutschland. Gelenkt von der Komintern in Moskau, richtete sich die KPD zwar frühzeitig auf die Illegalität ein, unterlag aber einem doppelten Trugschluß: Bis Ende 1935 wurde die SPD zum Hauptgegner erklärt (›Sozialfaschismus-These‹) und der nationalsozialistische Terror unterschätzt – der ersten Verhaftungswelle nach dem Reichstagsbrand fielen rd. 11000 Kommunisten zum Opfer (Reichstagsbrandverordnung; Verfolgung). Bei den Reichstagswahlen vom 5. 3. 1933 konnte die KPD zwar 12,3% der Stimmen erreichen, ihre 81 Mandate wurden jedoch sofort konfisziert. Die Parteileitung war bereits am 30. 1. 1933 in eine Auslandsleitung in Paris bzw. Prag und eine illegale Inlandsleitung in Berlin aufgeteilt worden. Der Alltag des Widerstandes war in der ersten Phase (bis Ende 1935) durch einen verlustreichen Aktionismus und den ständigen Neuaufbau der Organisation gekennzeichnet, so daß sich danach ein Großteil der Basis auf das Überleben im Milieu beschränkte (Arbeiterwiderstand). Mit der sog. Brüsseler Konferenz (Okt. 1935), einem Treffen der KPD-Führung in Moskau, wurden die Leitlinien der Partei geändert: die getarnte Arbeit in den NS-Massenorganisationen löste die Offensivtaktik ab (›trojanisches Pferd‹), das Einheits- bzw. Volksfrontangebot an die SPD die Sozialfaschismus-These. Das letztere Angebot scheiterte an der Skepsis der SPD, ersteres an der Kluft zwischen Parteileitung und Basis: Exil und innerdt. Widerstand waren getrennte Handlungsebenen. Der dt.-sowj. Nichtangriffspakt lähmte den kommunistischen Widerstand vollends, er wurde erst nach dem Überfall auf die UdSSR (Juni 1941) v.a. auf regionaler Ebene reaktiviert.«

Michael Sommer: Kommunistische Partei Deutschlands (KPD). In: Wolfgang Benz / Hermann Graml / Hermann Weiß (Hrsg.): Enzyklopädie des Nationalsozialismus. Stuttgart: Klett-Cotta, 1997. 3., korr. Aufl. 1998. S. 548 f. –

8. Geschichte der Stadt Rerik, der Region und die NS-Politik

Im Jahre 1938 erhalten in Mecklenburg acht Orte das Stadtrecht, darunter Rerik. Die landespolitische Aktion ist Teil der ideologisch betriebenen Klitterung von Geschichte der Ostseeregion als traditionell germanischer Siedlungsraum und zugleich propagandistische Begleitung der Annexion Österreichs (12. März 1938) sowie der »Sudetenkrise« (September 1938).

»In der großen Zeit nationalen Geschehens, die wir jetzt erleben, ist auch der ehrwürdigste Ortsname unserer Landesgeschichte einer jahrhundertelangen Vergessenheit entrissen und in der Neubenennung der ausdrucksvollsten Stelle unserer Küste zu neuem Leben gebracht, Rerik. Hier, bei dem alten Alt-Gaarz, und an unserer ganzen Küste nur hier, treffen alle die Bedingungen zusammen, die für die Bestimmung der Lage der alten Handelsstadt von 808 maßgebend sind: Lage im Obotritenlande und unmittelbar an der See, ein trefflicher, geschützter Hafen, wie jene unruhige Zeit ihn brauchte und suchte, eine mächtige, ihn sichernde Burganlage und eine durch die Ausgrabung von 1935 festgestellte wendisch-wikingische Siedlung am Fuße der Burg. [...] Eine dänische Handelsstadt an unserer Küste bedeutet nichts Geringeres, als der erste Schritt des

Germanentums wieder in ihm entschwundenes, fremdrassig gewordenes Land und zugleich für Mecklenburg das Erheben seiner Schicksalsfrage, ob es ein dänisches oder ob es ein deutsches Land werden soll. Das bedeutet uns Rerik. [...] Und damit eröffnet sich uns ein Blick in unsere älteste Geschichte. Die Slawen sind ein Stamm ohne politische Initiative; das ist früh erkannt, kein Geringerer als der sog. Nestor von Kiew in der berühmten russischen Chronik (um 1100) sagt einmal, daß Slawen nicht zu Herren geeignet sind und daß es überall, wo sie in die Geschichte handelnd eintreten, unter fremder Führung geschehen ist. [...] Überall dieselbe Erscheinung: germanische Führerschicht über der slawischen Masse; sie finden wir jetzt auch auf der Schwelle der Geschichte unseres Landes. Ihr Vertreter hier ist unser Thrasiko. Und er gehört zusammen mit Rerik.«

Robert Beltz: Rerik und Thrasiko. Zwei Namen unserer frühesten Geschichte. In: Monatshefte für Mecklenburg 14 (1938) S. 220–222. – Mit Genehmigung der Hinstorff Verlag GmbH, Rostock.

»Der Reichsstatthalter beim Festakt in Rerik«

Rostock, 1. April

»Heute wurde in feierlichem Akt unter gleichzeitiger Verleihung des Stadtrechtes und neuer Stadtwappen durch Reichsstatthalter Friedrich Hildebrandt die Gemeinde Alt Gaarz in Rerik, die Gemeinde Ostseebad Brunshaupten/Arendsee in Kühlungsborn umbenannt.

Die Beteiligung der Bevölkerung, die Gliederungen der Partei und der Wehrmacht gab dem in Anwesenheit von Vertretern der Staatsregierung und sonstiger Behörden vor sich gehenden Akte einen festlichen Rahmen. Die neuen Städte waren ebenso festlich geschmückt. [...]

Der Bürgermeister Süßmilch sprach als erster. Der große Tag sei gekommen, der größte in der Geschichte dieser ganzen Gegend. Der Bürgermeister dankte allen, die zu diesem Akte gekommen seien, vor allem dem Reichsstatthalter.

Die Rede des Reichsstatthalters

Während fernher die Schüsse der wehrbereit stehenden Flakartillerie herüberdröhnten, richtete dann der Reichsstatthalter an die Volksgenossen und die Kameraden der Wehrmacht eine Ansprache, in der er der großen geschichtlichen Stunde in seiner nie erlebten Auswirkung der genialen Politik des Führers gedachte, die Oesterreich ins Deutsche Reich führte. Der Boden, auf dem wir stehen, so sagte er dann, ist ein Boden, der seit Jahrtausenden dem brandenden Meere standhielt. Zu allen Zeiten wohnten hier deutsche Männer, bereit zum großen Wagnis. Der Ort hier mit seinem ursprünglichen Namen lebt auf einem Boden, der vor Jahrtausenden als eine Seefeste gegen den Norden, als eine Feste der Normannen anzusprechen war. Die Vorgeschichtler haben zu klären versucht, wo an der Ostseeküste die im Dokument eines kühnen Königs erscheinende Stadt Rerik wohl gelegen haben mag.
Nun ist unser alter mecklenburgischer Prähistoriker Belz zur Ueberzeugung gekommen – und darin von anderen Wissenschaftlern gestützt –, diese große Stadt wie auch die Burg müßten hier gelegen haben. [...]
Bedenken wir, daß noch vorgelagert dieser Bucht erst in den 90ger Jahren die Insel Licks von der Sturmflut fortgerissen wurde (wie beim Ausbau in Boltenhagen noch die alten Fundamente der Bauernhöfe aus der See geholt wurden) so spricht alles dafür, daß hier das historische Rerik lag.
Unsere Pflicht ist es, auf diesem alten Normannenboden, wieder seinen Namen Rerik aufleben zu lassen, nachdem

nun auch dank der Aufbauarbeit des Führers hier wieder ein Teil unserer stolzen Wehrmacht wohnt.
So verleihe ich jetzt im Auftrag der Reichsregierung dem Ort Alt Gaarz unter Eingemeindung von Wustrow, Neu Gaarz, Gaarzer Hof und Blengow das Stadtrecht und gleichzeitig ein neues Wappen, das alte Symbol dieses normannischen Hochseeschiffes. Das Wappen soll uns an den Kampf alter wertvoller deutscher Stämme erinnern.
Ihr alle aber, Einwohner und Soldaten der jüngsten Stadt Deutschlands, könnt stolz sein, hier die deutschen Tugenden, deutsche Ehrbegriffe und deutsche Arbeitsfreudigkeit fortzuleben. Bedenken wir in dieser Stunde, daß wir dankbar zu unserm Führer zu stehen haben, der das erwachte Deutschland wieder zur Macht hingeführt hat. Diese Stunde möge uns Ausrichtung und geistige Schau auf die Taten des Führers sein und ein Appell, ihm am 10. April f r e u d i g u n s e r J a z u g e b e n.«

Acht neue Städte in Mecklenburg. Rerik (Alt-Gaarz), Kühlungsborn (Arendsee/Brunshaupten), Lübtheen, Zarrentin, Klütz, Dassow, Neukloster und Dargun erhielten heute Stadtrecht. In: Mecklenburgische Zeitung. 1. April 1938. Nr. 77.

»Von besonderer Bedeutung für das hier beschriebene Forschungsprojekt sind die Berichte über einen im obodritischen Herrschaftsgebiet gelegenen Handelsplatz, der in der dänischen Sprache Reric genannt wurde und der im Jahre 808 in Folge dänisch-fränkisch-obodritischer Kämpfe vom Dänenkönig Göttric zerstört wurde. Die hier ansässigen Händler wurden gemäß der Überlieferung in Haithabu/Schleswig neu angesiedelt. Dieser Bericht ist wiederholt, in jüngster Zeit insbesondere von Herrmann (1980; 1984, 91 ff.; 1988, 720 ff.) und Donat (1995, 8 ff.), in Hinblick auf die Lokalisierung Rerics im obodritischen Stammesgebiet detailliert ausgewertet worden. Sie kommen übereinstimmend zu dem Ergebnis, daß die Bewohner des Emporium Reric zur Zeit des dänischen Überfalls in direkter Abhängigkeit vom obodritischen Fürsten Dražko und dessen Hauptburg Mecklenburg lebten. Dabei bildete Reric den dem fränkischen Reich am nächsten gelegenen Ostseehafen; seine Gründung wurde vermutlich von den Franken initiiert oder zumindest unterstützt. Gleichzeitig waren die Bewohner Rerics den Dänen tributpflichtig. Da der Überfall per Schiff erfolgte, muß Reric in unmittelbarer Nähe der Küste gelegen haben. Die Lokalisierung Rerics in der Wismarer Bucht, im Einflußbereich der Burg Mecklenburg ist deshalb als wahrscheinlich anzusehen. Die bisher diskutierten Fundplätze Alt Garz/Rerik, Alt Lübeck oder Mecklenburg selbst können jedoch nach den bisher vorliegenden Untersuchungen nicht mit dem historischen Reric übereinstimmen [...].«

Hauke Jöns, Friedrich Lüth, Michael Müller-Wille: Ausgrabungen auf dem frühgeschichtlichen Seehandelsplatz von Groß Strömkendorf, Kr. Nordwestmecklenburg. Erste Ergebnisse eines Forschungsprojektes. In: Germania 75 (1997) 1. Hb.-Bd. S. 200. – Mit Genehmigung von Hauke Jöns und Friedrich Lüth, Lübstorf.

V. Literaturhinweise

Die Literaturzusammenstellung bietet eine Auswahl von Titeln an. Weitergehende Informationen können den aufgeführten Bibliographien entnommen werden. Zwei Textzusammenstellungen sind durch Siglen vertreten: *Das Alfred Andersch Lesebuch*, hrsg. von Gerd Haffmans, Zürich: Diogenes, 1979 (detebe; 20695) [zit. als: AAL]; *Über Alfred Andersch. Essays. Aufsätze. Rezensionen von Thomas Mann bis Arno Schmidt*, hrsg. von Gerd Haffmans, Zürich ³1987 (detebe; 20819) [zit. als: ÜAA].

1. *Sansibar oder der letzte Grund*: Ausgaben und Film-/Hörfassungen

a) Ausgaben

Sansibar oder der letzte Grund. Olten/Freiburg i. Br.: Walter, 1957. Dass.: Frankfurt a. M. / Hamburg: S. Fischer, 1960 (FiTb.; 354). Dass. in: Alfred Andersch: Bericht Roman Erzählungen. Olten / Freiburg i. Br.: Walter, 1965. S. 85–233. Dass. in: Werkausgabe in Einzelbänden. Bd. 2. Zürich: Diogenes, 1970 [u. ö.] (Diogenes Taschenbuch; 20055). Dass. in: Die Romane. Einmalige Sonderausgabe zum 75. Geburtstag Alfred Anderschs. 4 Bde. in Kassette. Zürich: Diogenes, 1988 [nicht nummeriert]. Dass.: Leipzig: Reclam, 1990 (Reclams Universal-Bibliothek; 1331). [Originaltyposkript: Teil des Nachlasses im Schiller-Nationalmuseum / Deutsches Literatur-Archiv, Marbach: Bibliothek.]

Im Diogenes Verlag Zürich erscheint 2004 die Alfred Andersch Werkausgabe.

b) Übersetzungen

Dänemark (Kopenhagen, 1958); England (London 1958); USA (New York, 1958); Finnland (Helsinki, 1958); Norwegen (Oslo, 1958); Italien (Mailand, 1959); Spanien (Barcelona, 1959); Frankreich (Paris, 1960); Niederlande / Belgien (Utrecht / Antwerpen, 1960); Ungarn (Budapest, 1968); ČSSR (Prag, 1969); Rumänien (Bukarest, 1972); Jugoslawien (Slowenien; Maribor); Schweden (Stockholm, o. J.).

c) Verfilmung und Hörspiel

Aktion ohne Fahnen. Die merkwürdige Rettung eines Kunstwerks. Hörspiel. Hessischer Rundfunk 1958. Regie: Fritz Schröder-Jahn. Cotta's Hörbühne. Stuttgart: Klett, 1987.

Sansibar. Fernsehfilm. Produktion: Süddeutscher Rundfunk (Stuttgart; Schwarz-Weiß-Verfilmung). Drehbuch: Leopold Ahlsen, nach dem gleichnamigen Roman von Alfred Andersch. Regie: Rainer Wolffhardt. Darsteller: Paul Dahlke, Robert Graf. Erstsendung: 28. Dezember 1961.

Sansibar oder der letzte Grund. Drehbuch: Wolfgang Kirchner, Bernhard Wicki, nach dem gleichnamigen Roman von Alfred Andersch. Regie: Bernhard Wicki. Produktion: C. S. M / WDR / Defa. Darsteller: Peter Kremer, Cornelia Schmaus, Gisela Stein, Michael Gwisdek, Elisabeth Endriß. Länge: 163 Min. Erstsendung: 13. Dezember 1987 ARD. Drehorte in der DDR: Wismar (Hafenkulisse, Fischereibetrieb, altes Zollhaus als Gasthaus »Wappen von Wismar«), Bad Doberan, Kühlungsborn.

2. Alfred Andersch: Theoretische Schriften, Briefwechsel und Interviews

a) Theoretische Schriften

Deutsche Literatur in der Entscheidung (1948). In: AAL. S. 111–134.

Thomas Mann als Politiker (1952). In: AAL. S. 138–153.

Das Kino der Autoren (1961). In: AAL. S. 189–207.

Die Blindheit des Kunstwerks (1956). In: AAL. S. 208–217.

Die Existenz und die objektiven Werte. In: Die Neue Zeitung (15. August 1947). S. 6.

Alfred Andersch: [Schriftstellerauftrag und Theorie des Schreibens]. In: Efraim. München: Deutscher Taschenbuch Verlag, ²1970. S. 272–287.

Mein Lesebuch *oder* Lehrbuch der Beschreibungen. Frankfurt a. M. 1978. (FiTb; 2033.)

Die Blindheit des Kunstwerks. Literarische Essays und Aufsätze. Zürich: Diogenes, 1979. (detebe; I/II.)

b) Briefwechsel

Arno Schmidt: Der Briefwechsel mit Alfred Andersch. Mit einigen Briefen von und an Gisela Andersch, Hans Magnus Enzensberger, Helmut Heißenbüttel und Alice Schmidt. Hrsg. von Bernd Rauschenbach. Zürich 1985.

c) Interviews

Hans M. Enzensberger: Die Literatur nach dem Tod der Literatur. Ein Gespräch mit Alfred Andersch. Norddeutscher Rundfunk Hannover vom 1. Oktober 1974. Überarb. und gekürzt in: Nach dem Protest. Literatur im Umbruch. Hrsg. von W. Martin Lüdke. Frankfurt a. M. 1979. S. 85–102. Wiederabdr. in: ÜAA. S. 200–221.

3. Forschungsliteratur

a) Bibliographien und Forschungsberichte

Rhys Williams: Alfred Andersch [Bibliographie: Werkverzeichnis; Sekundärliteratur]. In: Kritisches Lexikon zur deutschsprachigen Gegenwartsliteratur (KLG). München: edition text + kritik, 1978 ff. [Loseblattsammlung, 16. Nachlfg. 1984, fortlaufend aktualisiert.]

Ulrich Fries / Günter Peters. Auswahlbibliographie zu Alfred Andersch. In: Heinz Ludwig Arnold (Hrsg.): Text + Kritik. H. 61/62: Alfred Andersch. München 1979. S. 110–123.

Auswahlbibliographie. In: Volker Wehdeking: Alfred Andersch. Stuttgart 1983. S. 152–157. (Sammlung Metzler; 207.)

Bibliographie der Werke. In: Alfred Andersch: »… einmal wirklich leben«. Ein Tagebuch in Briefen an Hedwig Andersch. Hrsg. von Winfried Stephan. Zürich 1986. S. 236–252.

Bibliographie der Werke / Bibliographie der Kritik [Auswahl, Stand: 1987]. In: ÜAA. S. 316–332, 333–361.

Ursula Reinhold: Bücher von und über Alfred Andersch. In: Zeitschrift für Germanistik (Leipzig) 8 (1987). S. 719–724.

Bernhard Jendricke: Bibliographie. In: Bernhard Jendricke: Alfred Andersch in Selbstzeugnissen und Bilddokumenten. Reinbek bei Hamburg 1988. [4]1999. S. 137–152. (rowohlts monographien; 395.)

[Bibliographie] Alfred Andersch 1914–1980. In: Heiner Schmidt: Quellenlexikon zur deutschen Literaturgeschichte / Bibliography of Studies on German Literary History. Bd. 1. Duisburg ³1994. S. 170–184.

Harro Kieser: Alfred Andersch. Bibliographie der Sekundärliteratur. 1984–1993. In: Irene Heidelberger-Leonard / Volker Wehdeking (Hrsg.): Alfred Andersch. Opladen 1994. S. 221–225.

b) Zu Anderschs Leben und Werk, Erzähltheorie und verwandten Themen

Arnold, Heinz Ludwig (Hrsg.): Alfred Andersch. Text + Kritik. H. 61/62. München 1979.

Barner, Wilfried: Alfred Andersch. In: Deutsche Dichter. Gegenwart. Hrsg. von Gunter E. Grimm und Frank Rainer Max. Stuttgart 1990. (Leben und Werk deutschsprachiger Autoren; 8.) S. 157–162.

Bense, Max: Alfred Andersch. In: Schriftsteller der Gegenwart. Deutsche Literatur. 53 Porträts. Hrsg. von Klaus Nonnemann. Olten / Freiburg i. Br. 1963. S. 18–28.

Brandes, Wolfgang: Mutmaßungen über Arno Schmidt, Alfred Andersch und Ernst Jünger. München 2002.

Brunner, Maria Elisabeth: Der Deserteur und Erzähler Alfred Andersch. »Daß nichts dunkel gesagt werden darf, was auch klar gesagt werden kann«. Frankfurt a. M. [u. a.] 1997.

Bühlmann, Alfons: In der Faszination der Freiheit. Eine Untersuchung zur Struktur der Grundthematik im Werk von Alfred Andersch. Berlin 1973.

Burgauner, Christoph: Zur Romankunst Alfred Anderschs. Nachwort. In: Alfred Andersch: Bericht Roman Erzählungen. Olten / Freiburg i. Br. 1965 [1964]. S. 419–445.

Demetz, Peter: Alfred Andersch oder die Krise des Engagements. Der Essayist. In: Merkur 20 (1966) H. 7. S. 675–679.

Drewitz, Ingeborg: Alfred Andersch oder die Krise des Engagements. Der Erzähler. In: Merkur 20 (1966) H. 7. S. 669–675.

Durzak, Manfred (Hrsg.): Deutsche Gegenwartsliteratur. Ausgangspositionen und aktuelle Entwicklungen. Stuttgart 1981.

Geulen, Hans: Alfred Andersch. Probleme der dargestellten Erfahrung des ›deutschen Irrtums‹. In: Gegenwartsliteratur und Drittes Reich. Deutsche Autoren in der Auseinandersetzung mit der Vergangenheit. Hrsg. von Hans Wagener. Stuttgart 1977. S. 205–221.

Gilfillian, Daniel D.: From Monstrosity to Liberation: Situating Technology in the Work of Alfred Andersch. Eugene (dr.) 2000.

Grothmann, Wilhelm H.: Zur Problematik des Widerstandes bei Alfred Andersch. In: Neophilologus (1983) H. 4. S. 582–595.

Heidelberger-Leonard, Irene: Zur Dramaturgie einer Abwesenheit – Alfred Andersch und die Gruppe 47. In: Bestandsaufnahme. Studien zur Gruppe 47. Hrsg. von Stephan Braese. Berlin 1999. (Philologische Studien und Quellen; H. 157.) S. 87–101.

– / Wehdeking, Volker (Hrsg.): Alfred Andersch: Perspektiven zu Leben und Werk. Kolloquium zum achtzigsten Geburtstag des Autors […]. Opladen 1994.

Jendricke, Bernhard: Alfred Andersch in Selbstzeugnissen und Bilddokumenten. Reinbek bei Hamburg 1988. ^{4}1999. (rowohlts monographien; 395.)

Koberstein, Anja: ›Gott oder das Nichts‹. Sartre-Rezeption im frühen Nachkriegswerk von Alfred Andersch im Kontext der zeitgenössischen Existentialismusdiskussion. Frankfurt a. M. [u. a.] 1996.

Lamping, Dieter: Die Darstellung von Juden in der westdeutschen Nachkriegsliteratur. Das Beispiel Alfred Andersch. In: Argonautenschiff 6 (1997) S. 224–237.

Littler, Margaret: Der einstweilige Genosse. Alfred Andersch and the KPD. In: New German Studies 15 (1988/89) [1990] S. 225–235.

– Drei Schwierigkeiten für die Frau, die Andersch liest: A Reassessment of the Portrayal of Women in the Work of Alfred Andersch. In: German Life and Letters 44 (1990/91) S. 443–458.

Michel, Willy: Vom Engagement des Autors zur Rollendistanz des Erzählers: Alfred Andersch. In: Die Rolle des Autors. Analysen und Gespräche. Hrsg. von Irmela Schneider. Stuttgart 1981. S. 71–83.

Murdoch, Brian: »Überhaupt nichts los«: some comments on Alfred Andersch and Dylan Thomas. In: Neophilologus (1991) H. 1. S. 11–20.

Parkes, Stuart (Hrsg.): The Gruppe 47. Fifty years on a Reappraisal of its Literary and Political Significance. Symposium »Die

Gruppe 47 in der Deutschen und Österreichischen Literatur und Gesellschaft«. London 1997. Amsterdam 1999.

Peitsch, Helmut: Ästhetische Introversion und Nationalsozialismus. Die Erzähler Martin Raschke, Ernst Schnabel und Alfred Andersch. In: Das Leid der Worte. Panorama des literarischen Nationalsozialismus. Hrsg. von Jörg Thunecke. Bonn 1987. S. 321–347.

Purdie, Catherine Marie: Lines in Space: Freedom and the Search for Truth in the Novels of Alfred Andersch. Auckland 2000.

Raabe, Anne: »Das Wort stammt von Kierkegaard«. Alfred Andersch und Sören Kierkegaard. Frankfurt a. M. 1999.

Reinhardt, Stephan: Alfred Andersch. Eine Biographie. Zürich 1990. Neudr. 1996.

– Alfred Andersch und der Desertionskomplex. In: Aspekte der Nachkriegsliteratur. Sd.-H. Mittelweg (1992/93) H. 36. S. 93–99.

Richter, Hans Werner: Einmal durch eine belebtere Gasse gehen und nicht erkannt werden. Alfred Andersch. In: H. W. R.: Im Etablissement der Schmetterlinge: Einundzwanzig Porträts aus der Gruppe 47. München [u. a.] 1986. S. 28–44.

Scherpe, Klaus R.: »Dieses Gefühl einer Lücke«. Neue Romane von Christa Wolf, Alfred Andersch und Peter Weiss als Muster antifaschistischer Literatur der Gegenwart. In: Antifaschistische Literatur. Bd. 3. Hrsg. von Lutz Winkler. Königstein i. Ts. 1979. S. 227–253.

– »Schützt Humanismus denn vor gar nichts?« Alfred Andersch im Kontext. In: Nachkriegsliteratur in Westdeutschland. Bd. 2: Autoren, Sprache, Traditionen. Hrsg. von Jost Hermand, Helmut Peitsch und K. R. Sch. Berlin 1984. S. 6–27.

– Moral im Ästhetischen. Andersch, Weiss, Enzensberger. In: Responsibility and Commitment. Ethische Postulate der Kulturvermittlung. Festschrift für Jost Hermand. Hrsg. von Klaus L. Berghahn [u. a.]. Frankfurt a. M. [u. a.] 1996. S. 243–261. Wiederabdr. in: Weimarer Beiträge 42 (1996) S. 109–127.

Schuhmacher, Klaus: »Impotente Gnostiker«? Ästhetische Gegenreihe zu Politik und Geschichte in Romanen von Wolfgang Koeppen und Alfred Andersch. In: Von Poesie und Politik. Zur Geschichte einer dubiosen Beziehung. Hrsg. von Jürgen Wertheimer. Tübingen 1994. S. 240–261.

Sprenger, Mirjam: Modernes Erzählen. Metafiktion im deutschsprachigen Roman der Gegenwart. Stuttgart/Weimar 1999. [Darin enth.: Alfred Andersch: Der Roman als Sandkastenspiel. S. 185–201.]

Thabet, Sahl: Das Reisemotiv im neueren deutschsprachigen Roman. Untersuchungen zu Wolfgang Koeppen, Alfred Andersch und Max Frisch. Marburg 2002.

Völkel-Hezel, B[arbara]: Die Kunst als Möglichkeit der Freiheit im Werk Alfred Anderschs. In: Revue des langues vivantes 35 (1969) H. 5. S. 531–549; H. 6. S. 580–596.

Wehdeking, Volker: Der Nullpunkt. Über die Konstituierung der deutschen Nachkriegsliteratur (1945–1948) in den amerikanischen Kriegsgefangenenlagern. Stuttgart 1971.

– »Erinnerte Gestalten«. Ein unbekannter Alfred Andersch der Jahre im Dritten Reich. In: Sprache im technischen Zeitalter 27 (1989) S. 286–295.

– Alfred Andersch. In: Deutsche Dichter des 20. Jahrhunderts. Hrsg. von Hartmut Steinecke. Berlin [u. a.] 1994. S. 556–568.

– (Hrsg.): Zu Alfred Andersch. Stuttgart 1983.

Weidauer, Friedemann J.: ›Neue Geschichten‹: die Umarbeitung der Vergangenheit in Dokumentarromanen Alexander Kluges und Alfred Anderschs. In: Monatshefte für deutschen Unterricht, deutsche Sprache und Literatur 87 (1995) S. 216–235.

– Widerstand und Konformismus. Positionen des Subjekts im Faschismus bei Andersch, Kluge, Enzensberger und Peter Weiss. Wiesbaden 1995.

Williams, Rhys W.: »Und wenn man sich bedenkt, daß damals sogar Leute wie Adorno daran teilgenommen haben …«. Alfred Andersch and the Cold War. In: German Writers and the Cold War. Hrsg. von Rhys W. Williams [u. a.]. Manchester 1992. S. 220–244.

– Politische und ästhetische Landschaft: Das Werk Alfred Anderschs als Reiseliteratur. In: Reisen im Diskurs. Modelle der literarischen Fremderfahrung von den Pilgerberichten bis zur Postmoderne. Hrsg. von Anne Fuchs und Theo Harden. Heidelberg 1995. S. 574–586.

Würker, Achim / Scheifele, Sigrid / Karlson, Martin: Grenzgänge: Literatur und Unbewußtes. Zu H. v. Kleist, E. T. A. Hoffmann, A. Andersch, I. Bachmann und M. Frisch. Würzburg 1999.

c) Zur so genannten »Andersch-Kontroverse«

Baier, Lothar: Literaturpfaffen. Tote Dichter vor dem moralischen Exekutionskommando. In: Freibeuter 57 (1993) S. 21–70. [Zu Andersch: Etappenschwein Andersch. S. 56–65.]

Battafarano, Italo Michele: Kitsch und Selbstsucht – und auch noch Spuren von Antisemitismus? Marginalia zu Alfred Andersch: eine Forschungskontroverse Sebald, Heidelberger-Leonard und Weigel betreffend. In: Morgen-Glantz 4 (1994) S. 241–257.

Heidelberger-Leonard, Irene: Erschriebener Widerstand? Fragen an Alfred Anderschs Leben und Werk. In: I. H.-L. / Volker Wehdeking (Hrsg.): Alfred Andersch. Opladen 1994. S. 51–61.

– Andersch revisited. In: Zeitschrift für deutsche Philologie 114 (1995) Sd.-H. S. 36–49.

Klüger-Angress, Ruth (d. i. Ruth Klüger): A Jewish Problem in German Postwar Fiction. In: Modern Judaism 5 (1985) S. 215–233. Wiederabdr. als: Gibt es ein »Judenproblem« in der deutschen Nachkriegsliteratur? In: Neue Sammlung 26 (1986) H. 1. S. 22–40.

Reinhardt, Stephan: Zu Alfred Andersch. Erwiderung auf W. G. Sebalds Essay in LI 20. In: Lettre International (1993) H. 21.

– Ästhetik als Widerstand – Andersch als Bürger und engagierter Schriftsteller. In: Irene Heidelberger-Leonard / Volker Wehdeking (Hrsg.): Alfred Andersch. Opladen 1994. S. 32–41.

Renger, Reinhard: In einem Boot mit dem Verfemten. Engagierter Linker oder Opfer der Selbstsucht? Die Literaturkritik nimmt die Biographie von Alfred Andersch unter die Lupe. In: Deutsches Allgemeines Sonntagsblatt. 4. Februar 1994.

Sebald, W. G.: Between the Devil and the deep blue Sea. Alfred Andersch. Das Verschwinden in der Vorsehung. In: Lettre International (1993) H. 20. S. 80–84. Wiederabdr. mit geringen Änderungen als: Der Schriftsteller Alfred Andersch. In: W. G. S.: Luftkrieg und Literatur. München/Wien 1999. S. 121–166.

Weigel, Sigrid: Das Gedächtnis der deutschen Nachkriegsliteratur. Nationale Symbolik im Roman *Die Rote* von Alfred Andersch. In: Neue Zürcher Zeitung. 1.–17. Oktober 1993. Nr. 241. S. 68.

d) Zu Anderschs *Sansibar oder der letzte Grund*

Demetz, Peter: Alfred Andersch – *Sansibar oder der letzte Grund.* In: Volker Wehdeking (Hrsg.): Zu Alfred Andersch. Stuttgart 1983. S. 22–27.

Fritzsching, Hubertus: A. Andersch: *Sansibar oder der letzte Grund.* In: H. F.: Das Weltverständnis des deutschen Gegenwartsromans im Spiegel seiner Erzählhaltung. Diss. Würzburg 1966. S. 111–123.

Geissler, Rolf: Alfred Andersch. *Sansibar oder der letzte Grund.* In: R. G.: Möglichkeiten des modernen deutschen Romans. Frankfurt a. M. [u. a.] [6]1976. S. 215–231.

Geist, Alexander: Alfred Andersch: *Sansibar oder der letzte Grund.* München 2001.

Hamburger, Käte: Erzählformen des modernen Romans. In: Der Deutschunterricht 11 (1959) H. 4. S. 5–23, bes. 10–14.

Heberling, Michaela: Ästhetik und Historie, geschichtliche und literarische Welterfahrung. Über Alfred Anderschs *Sansibar oder der letzte Grund* im Vergleich mit Peter Weiss' *Ästhetik des Widerstandes.* In: Hinter jedem Wort die Gefahr des Verstummens: Sprachproblematik und literarische Tradition in der *Ästhetik des Widerstandes* von Peter Weiss. Hrsg. von Hans Höller. Stuttgart 1988. S. 133–142.

Heidelberger-Leonard, Irene: *Sansibar oder der letzte Grund* als Modell des »antizipierenden Bewusstseins«. In: I. H.-L.: Alfred Andersch: Die ästhetische Position als politisches Gewissen. Zu den Wechselbeziehungen zwischen Kunst und Wirklichkeit in den Romanen. Frankfurt a. M. 1986. S. 77–104.

Hinderer, Walter: Alfred Andersch: *Sansibar oder der letzte Grund.* In: Interpretationen. Romane des 20. Jahrhunderts. Bd. 2. Stuttgart 1993. S. 59–94.

Lamberty, Michael: Literatur-Kartei zum Roman von Alfred Andersch *Sansibar oder der letzte Grund.* Mülheim a. d. Ruhr 1997.

Metzger, Kai: Alfred Andersch: *Sansibar oder der letzte Grund.* Stuttgart 2001.

Müller, Fred: Alfred Andersch: *Sansibar oder der letzte Grund* (1988). München [2]1998.

Murdoch, Brian: »Überhaupt nichts los«. Some Comments on Alfred Andersch and Dylan Thomas. [Zu: Alfred Andersch: *Sansi-*

bar oder der letzte Grund und Dylan Thomas *Under Milk Wood.*] In: Neophilologus 75 (1991) S. 11–20.
Poppe, Reiner: *Sansibar oder der letzte Grund.* In: R. P.: Alfred Andersch. Stuttgart 1999. S. 38–50.
– Alfred Andersch: *Sansibar oder der letzte Grund.* Unterrichtsbezogene Erläuterungen, Kommentare und Wertungen. Hollfeld i. Obfr. 1991. 3. Aufl. 2001.
Probst, Volker: Die fiktive Reise von Ernst Barlachs *Lesendem Klosterschüler* über die Ostsee. In: Jürgen Doppelstein / Volker Probst / Heike Stockhaus: Artist of the North Ernst Barlach. Hamburg 1999. S. 270–280.
Reich-Ranicki, Marcel: Alfred Andersch. Ein geschlagener Revolutionär. In: M. R.-R.: Deutsche Literatur in West und Ost. Prosa seit 1945. München 1963. S. 101–119. [Zu *Sansibar oder der letzte Grund*: S. 106–114.]
Riegel, Paul: *Sansibar oder der letzte Grund.* Die Lektüre eines zeitgenössischen Romans auf der Oberstufe. In: Blätter für den Deutschlehrer 6 (1962) H. 2. S. 33–40.
Schallenberger, Stefan: Alfred Andersch: *Sansibar oder der letzte Grund.* Stuttgart 2002.
Schewe, Martin: Texte lesen und inszenieren. Alfred Andersch: *Sansibar oder der letzte Grund.* München 1995.
Schiller, Dieter: Alfred Andersch, *Sansibar.* Eine Einführung in den modernen Roman für Klasse 10. Stuttgart 1979. [10]2000.
Schroeder, Wolfgang: Hingabe, Distanz und Desinteresse. Entwurf eines Lesertypenmodells aus Beispielen dargestellten Lesens bei Michael Ende, Alfred Andersch [*Sansibar oder der letzte Grund*] und anderen. In: Der Deutschunterricht 40 (1988) H. 4. S. 9–20.
Schütz, Eberhard: *Sansibar oder der letzte Grund.* In: E. Sch.: Alfred Andersch. München 1980. S. 44–57.
Sollmann, Kurt: Alfred Andersch: *Sansibar oder der letzte Grund.* Frankfurt a. M. 1994. [2]1999.
– Alfred Anderschs *Sansibar* im Unterricht. In: Sammlung 4 (1981) S. 156–168.
Wehdeking, Volker: *Sansibar.* In: V. W.: Alfred Andersch. Stuttgart 1983. (Sammlung Metzler; 207.) S. 76–88. [Darin enth.: Anhang. Kommentierte Lektüre-Liste des jungen Andersch. S. 161–165.]
Welz, Dieter: Ahnungen des Glücks, des Lebens und der Freiheit. Zur strukturalen Lektüre des *Sansibar*-Romans von Alfred Andersch. In: Acta Germanica 12 (1980) S. 163–184.

Wittmann, Livia Z.: *Sansibar oder der letzte Grund*. In: L. Z. W.: Alfred Andersch. Stuttgart [u. a.] 1971. S. 33–44.
Zimmermann, Werner: Alfred Andersch: *Sansibar oder der letzte Grund*. In: W. Z.: Deutsche Prosadichtungen unseres Jahrhunderts. Bd. 2. Düsseldorf ²1970. S. 198–238.

4. Zum Kontext von *Sansibar*

a) Nationalsozialismus, Staatsterror und Widerstand

Benz, Wolfgang / Graml, Hermann / Weiß, Hermann (Hrsg.): Enzyklopädie des Nationalsozialismus. Stuttgart ³1998.
Burleigh, Michael: Die Zeit des Nationalsozialismus. Eine Gesamtdarstellung. Frankfurt a. M. 2000.
Hürten, Heinz (Hrsg.): Weimarer Republik und Drittes Reich 1918–1945. Stuttgart 1995.
Kühnl, Reinhard: Der deutsche Faschismus in Quellen und Dokumenten. Köln ⁷2000.
Langer, Hermann: Leben unterm Hakenkreuz – Alltag in Mecklenburg 1932–1945. Bremen [u. a.] 1996.
Mammach, Klaus: Widerstand 1933–1945. Geschichte der deutschen antifaschistischen Widerstandsbewegung im Inland und in der Emigration. Köln 1987.
Münch, Ingo von / Brodersen, Uwe: Gesetze des NS-Staates. Dokumente eines Unrechtssystems. Paderborn [u. a.] ²1982.
Ruck, Michael (Hrsg.): Bibliographie zum Nationalsozialismus. 2 Bde. u. 1 CD-ROM. Darmstadt 2000.
Schäfer, Hans Dieter: Das gespaltene Bewußtsein. Deutsche Kultur und Lebenswirklichkeit 1933–1945. München/Wien 1981.

b) Kirchengeschichte, Theologie und NS-Religionspolitik

Belz, Dieter (Hrsg.): Die Religion in Geschichte und Gegenwart. Handwörterbuch für Theologie und Religionswissenschaft. Tübingen ⁴1998.
Klee, Ernst: Persilscheine und falsche Pässe – Wie die Kirchen den Nazis halfen. Frankfurt a. M. 1991.
Meier, Kurt: Kreuz und Hakenkreuz. Die evangelische Kirche im Dritten Reich. München 1992. [Zeittafel, S. 237–245.]

Müller, Hans (Hrsg.): Katholische Kirche und Nationalsozialismus. München 1965.
Schmidt, Hermann (Hrsg.): Karl Barth: Der Römerbrief. (Erste Fassung) 1919. Zürich 1985. (Karl Barth Gesamtausgabe. II: Akademische Werke. 1919.)
Zahrnt, Heinz: Die Sache mit Gott. Die protestantische Theologie im 20. Jahrhundert. München 1967.

c) KPD und NS-Innenpolitik

Gestapo-Berichte über den faschistischen Widerstandskampf der KPD 1933–1939. Ausgew. und bearb. von Margot Pikarki und Elke Warning. 3 Bde. Berlin 1989–90.
Leonhard, Wolfgang: Die Revolution entläßt ihre Kinder. Köln 1955.
Tischler, Carola: Flucht in die Verfolgung. Deutsche Emigranten im sowjetischen Exil, 1933 bis 1945. Münster 1996.
Torke, Hans-Joachim (Hrsg.): Historisches Lexikon der Sowjetunion 1917/22 bis 1991. München 1993.

d) Jüdische Bevölkerung und NS-Rassismuspolitik

Aly, Götz: »Endlösung«. Völkerverschiebung und der Mord an den europäischen Juden. Frankfurt a. M. 1999.
Behrens, Beate / Jahnke, Karl Heinz / Geltz, Anne / Wendt, Inge: Mecklenburg in der Zeit des Nationalsozialismus 1933–1945. Eine Dokumentation. Rostock 1995.
Benz, Wolfgang: Die Juden in Deutschland 1933–45. Leben unter nationalsozialistischer Herrschaft. München ^{2}1989.
Browning, Christopher R.: Judenmord, NS-Politik, Zwangsarbeit und das Verhalten der Täter. Frankfurt a. M. 2001.
Dohnke, Kay: Nationalsozialismus in Norddeutschland. Ein Atlas. Hamburg/Wien 2001.
Gutman, Israel (Hrsg.): Enzyklopädie des Holocaust. Die Verfolgung und Ermordung der europäischen Juden. Hrsg. der dt. Ausgabe: Eberhard Jäckel, Peter Longerich und Julius H. Schoeps. 4 Bde. München/Zürich 1995.
Hilberg, Raul: Die Vernichtung der europäischen Juden. 3 Bde. Frankfurt a. M. ^{9}1999.
Walk, Joseph (Hrsg.): Das Sonderrecht für die Juden im NS-Staat. Eine Sammlung der gesetzlichen Maßnahmen und Richtlinien – Inhalt und Bedeutung. Heidelberg ^{2}1996.

e) Barlach und die NS-Kunstpolitik

Barron, Stephanie: »Entartete Kunst«. Das Schicksal der Avantgarde in Nazi-Deutschland. Ausstellungskatalog. München / Los Angeles 1992.

Beutin, Wolfgang: »Man muß sein Ich der Welt opfern, ohne sich zu verlieren, ein großes Kunststück«. Zu Leben und Werk Ernst Barlachs (1870–1938). In: Biographie als Geschichte. Hrsg. von Hedwig Röckelein. Tübingen 1993. S. 295–327.

Dross, Friedrich (Hrsg.): Ernst Barlach: Die Briefe II. 1925–1938. [Ab 1929] München 1969.

Fühmann, Franz: Barlach in Güstrow. Leipzig [5]1991.

Karge, Wolf: Bildende Kunst und Kunstpolitik in Mecklenburg. In: Architektur und Bildende Kunst von 1933 bis 1945. Hrsg. von Brigitte Hartel und Bernfried Lichtenau. Frankfurt a. M. [u. a.] 1997. S. 108–123.

Krahmer, Catherine: Ernst Barlach: mit Selbstzeugnissen und Bilddokumenten. Reinbek bei Hamburg [6]1997. (rororo bildmonographien; 335.)

Merker, Reinhard: Die bildenden Künste im Nationalsozialismus. Kulturideologie Kulturpolitik Kulturproduktion. Köln 1983.

Müller-Waldeck, Gunnar: Vom Heidberghaus nach Sansibar: Barlachs Leben und Werk als Sujet literarischer Gestaltung. In: Wandlungen Gottes: Beiträge einer Ringvorlesung der Theologischen Fakultät. Zum 60. Todestag Ernst Barlachs. Rostock 2002. S. 61–90.

Petersen, Swantje: Korrespondenzen zwischen Literatur und bildender Kunst im 20. Jahrhundert. Studien am Beispiel von S. Lenz, E. Nolde, A. Andersch, E. Barlach, P. Klee, H. Janssen, E. Jünger und G. Bekker. Frankfurt a. M. [u. a.] 1995.

Piper, Ernst: Ernst Barlach und die nationalsozialistische Kunstpolitik. Eine dokumentarische Darstellung zur »entarteten Kunst«. München 1983. Dass. u. d. T.: Nationalsozialistische Kunstpolitik. Ernst Barlach und die ›entartete Kunst‹. Eine Dokumentation. Frankfurt a. M. 1987.

Schult, Friedrich (Bearb.): Ernst Barlach: Werkverzeichnis. Hrsg. mit Unterstützung der Deutschen Akademie der Künste. Bd. 1. Hamburg 1959. [*Lesender Klosterschüler*: S. 203.]

Schultze-Naumburg, Paul: Das neue Reich und die Kunst. In: Nationalsozialistische Monatshefte 4 (1933) H. 43. S. 443–449.

Schuster, Peter-Klaus (Hrsg.) Nationalsozialismus und ›Entartete Kunst‹. Die ›Kunststadt‹ München 1937. Darmstadt ^{5}1998.

Tarnowski, Wolfgang: Ernst Barlach und der Nationalsozialismus. Hamburg 1989.

Thieme, Helga: »... die Arbeit wartete, und kein anderer als er konnte sie tun!« Zu Franz Fühmanns Erzählung »Barlach in Güstrow« (1963). In: Ernst Barlach: Das Güstrower Ehrenmal [...]. Hrsg. von Volker Probst. Güstrow 1998. S. 148–163.

f) Geschichte der Stadt Rerik, der Region und NS-Verwaltung

Der Aufbau des Luftwaffenübungsplatzes Wustrow – jetzt Flakartillerieschießplatz Rerik. (Bis zum Beginn des großen Krieges im Sommer 1939.) Hrsg. mit Genehmigung des Reichsluftfahrtministeriums von Regierungsoberamtmann Bergsdorf, Flakartillerieschule Wustrow. 2., erw. Aufl. München 1942.

Jöns, Hauke / Lüth, Friedrich / Müller-Wille, Michael: Ausgrabungen auf dem frühgeschichtlichen Seehandelsplatz von Groß Strömkendorf, Kr. Nordwestmecklenburg. Erste Ergebnisse eines Forschungsprojektes. In: Germania 75 (1997) 1. Hb.-Bd. S. 193–221.

Schacht, Alexander: Wustrow. Vom Rittergut zur Garnison. Schwerin ^{2}1995.

Sebald, Winfried G.: Der Schriftsteller Andersch. In: W. G. S.: Luftkrieg und Literatur. München/Wien 1999. S. 121–160. – [Erstveröff.: W. G. S.: Between the devil and the deep blue sea. Alfred Andersch. Das Verschwinden in der Vorsehung. In: Lettre International (1993) H. 20. S. 80–84.]

VI. Abbildungsnachweis

4 Karte von Rerik und Umgebung.

14/15 Kartenausschnitt von Ostsee und Mecklenburger Bucht. – © Orlowski, Kiel.

17 »Reichsstatthalter Friedrich Hildebrandt überreicht Bürgermeister Süßmilch das Stadtrecht von Rerik«. Rostocker Anzeiger, Wirtschaftsblatt für Mecklenburg, Vorpommern und Prignitz, Jg. 58, Nr. 78, 2. April 1938. – © Archiv der Hansestadt Rostock.

22 Die Kirche St. Georgen in Wismar, um 1925. Aus: Steve Ludwig: St. Georgen zu Wismar. Kiel: Verlag Ludwig, 1998. S. 151. – © 1998 Verlag Ludwig, Kiel.

42 Ernst Barlach, *Lesender Klosterschüler* (Holzskulptur, 1930); Barlach Museum, Güstrow. Aus: Jürgen Doppelstein: Ernst Barlach. Leipzig: Seemann, 1995. S. 161. – © Ernst Barlach Lizenzverwaltung, Ratzeburg.

59 Der Passinhaber gehörte zu jenen Kindern, die auf Beschluss der britischen Regierung, 10000 jüdische Kinder am 2. Dezember 1938 einreisen zu lassen, den Holocaust überlebten. – © Jüdisches Museum Rendsburg + Dr.-Bamberg-Haus, Rendsburg.

81 Szenenfoto aus Bernhard Wickis Verfilmung *Sansibar oder der letzte Grund* (1987). – © WDR-Bildarchiv.

Lektüreschlüssel für Schüler

Alfred Andersch: *Sansibar oder der letzte Grund.* Von Stefan Schallenberger. 96 S. UB 15311

Bertolt Brecht: *Leben des Galilei.* Von Franz-Josef Payrhuber. 91 S. UB 15320

Georg Büchner: *Leonce und Lena.* Von Wilhelm Große. 96 S. UB 15319

Alfred Döblin: *Berlin Alexanderplatz.* Von Helmut Bernsmeier. 89 S. UB 15317

Annette von Droste-Hülshoff: *Die Judenbuche.* Von Bernd Völkl. 53 S. UB 15305

Friedrich Dürrenmatt: *Die Physiker.* Von Franz-Joseph Payrhuber. 77 S. UB 15302

Joseph von Eichendorff: *Aus dem Leben eines Taugenichts.* Von Theodor Pelster. 88 S. UB 15306

Theodor Fontane: *Unterm Birnbaum.* Von Michael Bohrmann. 82 S. UB 15307

Max Frisch: *Homo faber.* Von Theodor Pelster. 87 S. UB 15303

Johann Wolfgang Goethe: *Faust I.* Von Wolfgang Kröger. 69 S. UB 15301

Johann Wolfgang Goethe: *Die Leiden des jungen Werther.* Von Mario Leis. 75 S. UB 15312

Günter Grass: *Katz und Maus.* Von Wolfgang Spreckelsen. 79 S. UB 15304

Heinrich Heine: *Deutschland. Ein Wintermärchen.* Von Wolfgang Kröger. 79 S. UB 15325

E.T.A. Hoffmann: *Das Fräulein von Scuderi.* Von Winfried Freund. 74 S. UB 15321

Gottfried Keller: *Kleider machen Leute.*
Von Walburga Freund-Spork. 87 S. UB 15313

Gottfried Keller: *Romeo und Julia auf dem Dorfe.*
Von Klaus-Dieter Metz. 87 S. UB 15324

Gotthold Ephraim Lessing: *Nathan der Weise.*
Von Theodor Pelster. 96 S. UB 15316

Gotthold Ephraim Lessing: *Emilia Galotti.*
Von Theodor Pelster. 93 S. UB 15318

Thomas Mann: *Tonio Kröger.*
Von Martin Neubauer. 67 S. UB 15309

Friedrich Schiller: *Die Räuber.*
Von Reiner Poppe. 90 S. UB 15328

Friedrich Schiller: *Maria Stuart.*
Von Theodor Pelster. 84 S. UB 15310

Theodor Storm: *Der Schimmelreiter.*
Von Winfried Freund. 96 S. UB 15315

Frank Wedekind: *Frühlings Erwachen.*
Von Martin Neubauer. 64 S. UB 15308

Reclam

Erläuterungen und Dokumente

zu Andersch, *Sansibar oder der letzte Grund.* 171 S. UB 16036

zu Böll, *Ansichten eines Clowns.* 84 S. UB 8192 – *Gruppenbild mit Dame.* 232 S. UB 16028 – *Die verlorene Ehre der Katharina Blum.* 222 S. UB 16011

zu Borchert, *Draußen vor der Tür.* 107 S. UB 16004

zu Brecht, *Der kaukasische Kreidekreis.* 120 S. UB 16007 – *Leben des Galilei.* 231 S. UB 16020

zu Büchner, *Dantons Tod.* 208 S. UB 16034 – *Lenz.* 176 S. UB 8180 – *Woyzeck.* 325 S. UB 16013

zu Chamisso, *Peter Schlemihl.* 112 S. UB 8158

zu Döblin, *Berlin Alexanderplatz.* 286 S. UB 16009

zu Droste-Hülshoff, *Die Judenbuche.* 87 S. UB 8145

zu Dürrenmatt, *Der Besuch der alten Dame.* 93 S. UB 8130 – *Die Physiker.* 243 S. UB 8189 – *Romulus der Große.* 96 S. UB 8173

zu Eichendorff, *Aus dem Leben eines Taugenichts.* 120 S. UB 8198 – *Das Marmorbild.* 94 S. UB 8167

zu Fallada, *»Kleiner Mann – was nun?«* 179 S. UB 16024

zu Fontane, *Effi Briest.* 171 S. UB 8119 – *Frau Jenny Treibel.* 111 S. UB 8132 – *Irrungen, Wirrungen.* 148 S. UB 8146 – *Schach von Wuthenow.* 155 S. UB 8152

zu Frisch, *Andorra.* 88 S. UB 8170 – *Biedermann und die Brandstifter.* 128 S. UB 8129 – *Homo faber.* 196 S. UB 8179

zu Goethe, *Egmont.* 165 S. UB 8126 – *Faust. Der Tragödie Erster Teil.* 301 S. UB 16021 – *Götz von Berlichingen.* 216 S. UB 8122 – *Iphigenie auf Tauris.* 156 S. UB 16025 – *Die Leiden des jungen Werther.* 192 S. UB 8113 – *Novelle.* 160 S. UB 8159 – *Torquato Tasso.* 251 S. UB 8154 – *Urfaust.* 168 S. UB 8183 – *Die Wahlverwandtschaften.* 228 S. UB 8156 – *Wilhelm Meisters Lehrjahre.* 398 S. UB 8160

zu Gotthelf, *Die schwarze Spinne.* 112 S. UB 8161

zu Grass, *Die Blechtrommel.* 223 S. UB 16005 – *Katz und Maus.* 192 S. UB 8137 – *Das Treffen in Telgte.* 168 S. UB 16012

zu Grillparzer, *Der arme Spielmann.* 186 S. UB 8174

zu Hauptmann, *Bahnwärter Thiel.* 62 S. UB 8125 – *Der Biberpelz.* 104 S. UB 8141 – *Die Ratten.* 183 S. UB 8187 – *Die Weber.* 227 S. UB 16014

zu Hebbel, *Maria Magdalena.* 96 S. UB 8105

zu Heine, *Deutschland. Ein Wintermärchen.* 208 S. UB 8150

zu Hesse, *Demian. Die Geschichte von Emil Sinclairs Jugend.* 86 S. UB 8190 – *Der Steppenwolf.* 157 S. UB 8193 – *Unterm Rad.* 110 S. UB 8200

zu Hölderlin, *Hyperion.* 339 S. UB 16008

zu Hoffmann, *Das Fräulein von Scuderi.* 136 S. UB 8142 – *Der goldne Topf.* 162 S. UB 8157 – *Der Sandmann.* 176 S. UB 8199

zu Hofmannsthal, *Jedermann.* 88 S. UB 16003

zu Horváth, *Geschichten aus dem Wiener Wald.* 139 S. UB 16016 – *Jugend ohne Gott.* 148 S. UB 16010

zu Ibsen, *Nora (Ein Puppenheim).* 86 S. UB 8185

zu Kafka, *Der Proceß.* 230 S. UB 8197 – *Das Urteil.* 144 S. UB 16001 – *Die Verwandlung.* 196 S. UB 8155

zu Keller, *Kleider machen Leute.* 108 S. UB 8165 – *Romeo und Julia auf dem Dorfe.* 202 S. UB 16032

zu Kleist, *Amphitryon.* 160 S. UB 8162 – *Das Erdbeben in Chili.* 151 S. UB 8175 – *Das Käthchen von Heilbronn.* 164 S. UB 8139 – *Die Marquise von O...* 125 S. UB 8196 – *Michael Kohlhaas.* 140 S. UB 16026 – *Penthesilea.* 160 S. UB 8191 – *Prinz Friedrich von Homburg.* 204 S. UB 8147 – *Der zerbrochne Krug.* 159 S. UB 8123

zu J. M. R. Lenz, *Der Hofmeister.* 191 S. UB 8177 – *Die Soldaten.* 88 S. UB 8124

zu Lessing, *Emilia Galotti.* 159 S. UB 16031 – *Minna von Barnhelm.* 111 S. UB 8108 – *Miß Sara Sampson.* 93 S. UB 8169 – *Nathan der Weise.* 175 S. UB 8118 zu H. Mann, *Der Untertan.* 165 S. UB 8194

zu Th. Mann, *Mario und der Zauberer.* 104 S. UB 8153 – *Der Tod in Venedig.* 196 S. UB 8188 – *Tonio Kröger.* 104 S. UB 8163 – *Tristan.* 96 S. UB 8115

zu Meyer, *Das Amulett.* 68 S. UB 8140

zu Mörike, *Mozart auf der Reise nach Prag.* 119 S. UB 8135

zu Musil, *Die Verwirrungen des Zöglings Törleß.* 204 S. UB 16019

zu Novalis, *Heinrich von Ofterdingen.* 240 S. UB 8181

zu Schiller, *Don Karlos.* 240 S. UB 8120 – *Die Jungfrau von Orleans.* 160 S. UB 8164 – *Kabale und Liebe.* 174 S. UB 8149 – *Maria Stuart.* 214 S. UB 8143 – *Die Räuber.* 232 S. UB 8134 – *Wallenstein.* 294 S. UB 8136 – *Wilhelm Tell.* 111 S. UB 8102

zu Schneider, *Schlafes Bruder.* 104 S. UB 16015

zu Schnitzler, *Fräulein Else.* 118 S. UB 16023 – *Leutnant Gustl.* 118 S. UB 16017 – *Reigen.* 152 S. UB 16006

zu Shakespeare, *Hamlet.* 264 S. UB 8116 – *Romeo und Julia.* 182 S. UB 16029

zu Sophokles, *Antigone.* 86 S. UB 8195

zu Stifter, *Brigitta.* 85 S. UB 8109

zu Storm, *Hans und Heinz Kirch.* 94 S. UB 8171 – *Immensee.* 88 S. UB 8166 – *Der Schimmelreiter.* 135 S. UB 8133

zu Süskind, *Das Parfum.* 116 S. UB 16018

zu Tieck, *Der blonde Eckbert / Der Runenberg.* 91 S. UB 8178

zu Wedekind, *Frühlings Erwachen.* 204 S. UB 8151

zu Weiss, *Marat/Sade.* 189 S. UB 16002

zu Wolf, *Kassandra.* 154 S. UB 16030

zu Zuckmayer, *Der Hauptmann von Köpenick.* 171 S. UB 8138

Philipp Reclam jun. Stuttgart